CAGLIOSTRO

LE PROPHÈTE DE LA RÉVOLUTION

Jean Villiers

CAGLIOSTRO

LE PROPHÈTE DE LA RÉVOLUTION

Guy TRÉDANIEL, Éditeur
76, rue Claude-Bernard
75005 Paris

ISBN 2-85-707-283-X

A Dom Jean Roy
In memoriam

« Il y a des êtres qui n'ont plus d'ange gardien ; je fus de ceux-là. »

CAGLIOSTRO

« Otez le surnaturel, il ne reste plus rien de naturel. »

CHESTERTON

« Depuis des années (...) des ouvriers travaillaient, consciemment ou non, à préparer 1789 ; les conditions nécessaires, les efforts s'accumulaient. On avait semé, peiné ; la récolte approchait. Mais la moisson ne commence que lorsque le Maître, en entrant dans son champ, donne le premier coup de faucille au blé mûr. »

Marc HAVEN

I

La Rose contre la Croix

Le 19 septembre 1780, le comte Alexandre de Cagliostro, annoncé par des trompettes, franchissait le pont de Kehl — comme Marie-Antoinette dix ans plus tôt — et faisait dans Strasbourg une entrée triomphale, confortablement installé dans un somptueux carrosse laqué de noir, orné de symboles kabbalistiques et tiré par six chevaux, noirs eux aussi. Un de ces mystérieux « Supérieurs Inconnus » dont nous entretiennent les légendes maçonniques surgissait sur le devant de la scène historique.

Inconnu ? Nonobstant le rôle de bateleur qu'il s'attribua, nul jusque-là ne semble avoir compris qui il était *vraiment*. Supérieur ? L'habileté « diabolique » de ses plans l'attestera bientôt.

Le « noble voyageur », ainsi qu'il se désignerait lui-même, plus tard, résida quelque temps à l'hôtellerie de l'Esprit — la bien nommée ! — au 7 du quai Saint-Thomas, où Goethe et Herder s'étaient rencontrés, exactement dix ans plus tôt. A croire décidément que le comte avait mission de célébrer des anniversaires ! Ce très vénérable édifice, qui datait de 1306, offrait dans ses vastes salles une hospitalité discrète à de nombreuses sociétés et, sans doute, aux francs-maçons de l'endroit. (Cf. Marc Haven, *Le Maître inconnu, Cagliostro,* Derain, 1964.)

Puis Cagliostro résida quelques semaines dans une maison appartenant à la servante du chanoine de Saint-Pierre-le-Vieux, et enfin loua un vaste appartement dans un hôtel proche de la place d'Armes et qui, nous dit Marc Haven, s'était longtemps appelé la maison de la Sainte Vierge parce qu'une statue de Notre Dame en ornait l'angle. On voit que le « Grand Cophte », à moins que ce ne fût la malice des choses, choisissait ses résidences...

Il est vrai qu'il s'acquit très vite une réputation de guérisseur, voire de thaumaturge, à laquelle il faisait honneur de l'aube à la nuit tombée, sillonnant la ville dans son carrosse, répandant à profusion ses bienfaits chez les estropiés, les goutteux, les sourds et tous les affligés. De taille moyenne, corpulent, brun de poil et de peau, il déployait une prodigieuse activité, et cette vivacité même eût peut-être nui à son « aura » de mage, n'eussent été ses yeux de feu et de glace mêlés qui dès l'abord forçaient le respect. De sa voix au timbre curieux, comme d'une trompette voilée de crêpe, dira un témoin, il discourait — à la troisième personne... — avec une autorité qui tournait parfois à l'exaltation, quand la gravité du sujet lui paraissait l'exiger. Il s'exprimait dans un français fortement coloré d'accent italien, et curieusement ponctué de formules arabes. (Les railleurs évoqueront un « baragouin, mi-français mi-italien ».)

Les Strasbourgeois furent-ils satisfaits de ses services ? Il le semblerait à voir la foule qui assiège sa demeure et encombre l'escalier et le vestibule. Mais guérit-il vraiment ? Les avis, d'ores et déjà, sont partagés. Ils le resteront. Il est sûr que Cagliostro a des talents, des dons particuliers pour soulager la souffrance, sans quoi sa réputation ne se fût pas maintenue, jusques et y compris aux yeux de personnages cultivés, occupant les plus hautes fonctions. Mais si ces dons ne paraissent pas contestables, il est plus difficile d'en définir la nature. Relevaient-ils de sa force de persuasion, de son magnétisme personnel, s'aidaient-ils d'une pharmacopée naturelle intelligemment utilisée, et dont il nous reste quelques vestiges ? C'est là le plus probable, encore qu'il nous faille réserver la part d'une intervention beaucoup plus mystérieuse, dont la suite de cette étude permettra de discerner l'origine. Mais quoi qu'il en soit, la question est — relativement — de peu d'intérêt, puisque de toute façon il ne ressuscita pas les morts ni ne rendit la vue aux aveugles, et que les ordonnances qu'il fit exécuter par les pharmaciens n'avaient rien que de très rassurant. Voici en particulier ce qu'écrit dans ses *Souvenirs* E.W. Martuis, qui fut pharmacien de la Cour et de l'Université à Erlangen : « Cagliostro avait déposé plusieurs de ses formules dans la pharmacie où je travaillais et j'avais à les préparer. Ces médicaments à qui le comte avait donné des noms très ronflants, expressifs, relevaient de la pharmacopée générale (tisanes de plantes purgatives, pilules purgatives, stomachiques, électuaire pectoral, pommade pour les soins du visage). »

Moyennant quoi nous pouvons porter à son crédit, suivant l'avis de contemporains sérieux et impartiaux, des cures véritablement réussies qui, répétons-le, ne nous étonneront pas outre mesure, avertis que nous sommes des étroites interrelations « psychosomatiques » mises au jour par la science moderne. Nous porterons en revanche à son débit d'inévitables rechutes et de non moins inévitables échecs. La liste des succès et celle des revers seraient également fastidieuses, et dépourvues d'intérêt pour notre propos. Qui est de percer à jour la personnalité véritable de Cagliostro, et de définir son origine et sa mission.

Si nous l'interrogeons directement, il semble de prime abord qu'il ne nous facilite guère la tâche : « Je ne suis d'aucune époque ni d'aucun lieu ; en dehors du temps et de l'espace, mon être spirituel vit son éternelle existence, et si je plonge dans ma pensée en remontant le cours des âges, si j'étends mon esprit vers un mode d'existence éloigné de celui que vous percevez, je deviens celui que je désire. Participant consciemment à l'être absolu, je règle mon action selon le milieu qui m'entoure. Mon nom est celui de ma fonction, parce que je suis libre ; mon pays est celui où je fixe momentanément mes pas. Datez-vous d'hier, si vous le voulez, en vous rehaussant d'années vécues par des ancêtres qui vous furent étrangers ; ou de demain, par l'orgueil illusoire d'une grandeur qui ne sera peut-être jamais la vôtre ; moi, je suis celui qui est... » *(Mémoire pour le comte de Cagliostro.)*

Et pourtant, dans ces quelques lignes, tout n'est-il pas avoué, sinon de l'identité même de Cagliostro, du moins de celle qu'il aspirait à revêtir ? Voici en effet ce qu'on lit dans *Le Livre des Morts des Anciens Égyptiens* (chap. 64) : « Je suis l'Hier. Je suis l'Aujourd'hui. Je suis le Demain. Mon Nom est mystère. » Même si cette « lecture » au premier degré demande à être complétée, la coïncidence est d'autant moins fortuite que Cagliostro, toujours dans son *Mémoire,* affirme que « toute lumière vient de l'Orient, toute initiation de l'Égypte ». Nous verrons plus avant ce qui se cachait derrière cette Égypte-*là*. Mais quoi qu'il en soit, le « Grand Cophte », fondateur du « Rite Égyptien », espérait que la restauration de ses mystères supplanterait le christianisme sous couleur de l'enrichir. Il ne se fût agi en l'occurrence que d'un « retour aux sources » puisque, comme le souligne G.K. Chesterton dans *L'homme éternel* (éd. Dominique Martin Morin) : « Il y a 2000 ans, on avait déjà entrepris sur les rivages de la Méditerranée l'édification d'une sorte de panthéon. Les chrétiens étaient cordialement invités à y faire entrer une statue de Jésus qui aurait côtoyé celles de Jupiter, de Mithra, d'Osiris, d'Attis ou d'Ammon. Le refus des chrétiens est le pivot de l'histoire... Nul ne peut comprendre le mystère de l'Église, nul n'est au diapason de la foi des premiers âges, qui ne mesure que le monde fut alors bien près de périr dans la fraternisation et la compréhension mutuelle de toutes les religions... »*

Nous semblons dès l'abord, par l'intermédiaire du malicieux et pénétrant Chesterton, attribuer à notre « héros » de bien ténébreux desseins. Sans même l'avoir entendu ? Si. Il s'est exprimé nettement, *au moins* sur un point, et qu'il l'ait fait, en somme, à son corps défendant, n'en rend l'aveu que plus précieux. Qu'a-t-il donc confessé ? Qu'il n'était pas catholique, ni même chrétien : le célèbre franc-maçon et soyeux lyonnais Jean-Baptiste

---

* Il est « amusant » de rapprocher ceci d'une anecdote confiée à la revue l'*Autre Monde* (avril 1986) par le comédien et metteur en scène Raymond Gérôme. A un évêque venu le féliciter pour sa version théâtrale de *L'Évangile selon saint Marc,* il exposa ses idées religieuses : « ... “J'estime, finalement, que Zoroastre, le Bouddha, Jésus, Mahomet et tant d'autres doivent être considérés comme des cousins, ils étaient des grands initiés, tous”, ai-je dit en conclusion, avant de lui demander s'il ne partageait pas mon avis. Avec un sourire malicieux, il m'a répondu : “Ne me faites pas dire ce que je n'ai pas le droit de dire”. » Tout commentaire serait superflu...

Willermoz, ayant entendu dire que le Grand Cophte niait implicitement la divinité du Christ, l'interrogea très directement sur ce point... crucial. Après avoir manifesté beaucoup d'embarras et longuement hésité, Cagliostro déclara que le Christ n'était pas Dieu, mais simplement « un fils de Dieu comme lui-même Cagliostro », c'est-à-dire un « élu », inspiré par la divinité mais appartenant au genre humain. En bref, selon l'expression même du mystagogue, « un philosophe ». Willermoz lui ayant objecté tous les passages de l'Évangile qui proclament la divinité du Christ, il rétorqua que « tous ces versets étaient faux et ajoutés au texte ». (Cf. René Le Forestier, *La Franc-Maçonnerie templière et occultiste,* éd. Aubier-Montaigne, 1970.) Le bon Willermoz, appartenant à une époque crédule qui pensait compatibles l'initiation maçonnique et la foi au Christ, conclut que Cagliostro « était un Maçon de l'espèce la plus dangereuse qui, avec le nom de Dieu à la bouche dans toutes ses phrases, entraînait les faibles et élevait des autels à Baal », et qu'un initié « qui niait la divinité du Christ » ne pouvait être qu'un suppôt du Malin. *(Ibid.)*

Il est troublant de trouver sous la plume du célèbre ésotériste René Guénon (1886-1951) — dont l'influence, actuellement, ne cesse de croître — des affirmations toutes semblables à celles de Cagliostro. (Cf. *Mélanges,* éd. Gallimard, p. 200.) Refusant la conception d'un Messie unique qui serait une « incarnation » de la Divinité, il ajoute : « nous reconnaissons, au contraire, une pluralité (et même une indéfinité) de "manifestations" divines, mais qui ne sont en aucune façon des "incarnations" car il importe avant tout de maintenir la pureté du Monothéisme, qui ne saurait s'accorder d'une semblable théorie. » Il ne faudrait d'ailleurs pas s'exagérer la portée de ce « Monothéisme », puisque Guénon précise à propos du mot « Dieu » : « nous préférons en éviter l'emploi le plus possible, ne serait-ce que pour mieux marquer l'abîme qui sépare la Métaphysique des religions ». Voilà au moins qui a le mérite de la franchise.

En fait, et pour en revenir à ce précurseur que fut le Grand Cophte, son blasphématoire « Ego sum qui sum » (ou en hébreu *Eheieh asher Eheieh* [cf. Exode, III, 14]) eût suffi à le démasquer, en nous renvoyant très directement — par-delà les mystères égyptiens — à une exégèse parodique de l'ontologie du Buisson ardent, chère à tous les initiés « monistes ». Et en particulier à René Guénon qui, dans *Le Symbolisme de la Croix* (éd. Véga), commente ainsi la réponse de Dieu à Moïse, qui lui demandait quel était Son Nom :

« Dans certaines écoles d'ésotérisme islamique, le "Buisson ardent", support de la manifestation divine, est pris comme symbole de l'apparence individuelle subsistant lorsque l'être est parvenu à l'« Identité Suprême », dans le cas qui correspond à celui du *jîvan-mukta* dans la doctrine hindoue (...) : c'est le cœur resplendissant de la lumière de la *Shekinah,* par la présence effectivement réalisée du "Suprême Soi" au centre de l'individualité humaine. »

L'écrivain franc-maçon Oswald Wirth avait dit la même chose plus simplement : « Le serpent, inspirateur de désobéissance, d'insubordination et de révolte, fut maudit par les anciens théocrates, alors qu'il était en honneur parmi les initiés... Rendre semblable à la divinité, tel était l'objet des anciens mystères ; de nos jours, le programme de l'initiation n'a pas changé. » (*Le Livre du Compagnon,* cité par Jean Ousset dans *Pour qu'il règne,* éd. Dominique Martin Morin.)

Cette fusion, cette identification hautement revendiquée de la créature au Créateur devrait en bonne logique nous « expliquer » (!) l'ubiquité et l'immortalité de Cagliostro, telles qu'il les proclame fièrement dans son *Mémoire.* Mais il convient de nous y attarder un peu car cette mention explicite du triomphe du Mage sur le temps et l'espace, s'ajoutant à sa divinisation, constitue moins une redondance qu'une précision technique nous permettant d'identifier le courant ésotérique *contemporain* auquel il se rattache — et que voile et révèle en même temps la mystagogie égyptienne qui lui donna vie : nous voulons parler du rosicrucianisme. « Je ne suis d'aucune époque ni d'aucun lieu », disait Cagliostro. C'est bien là la définition du Rose-Croix selon Guénon (cf. *Aperçus sur l'Initiation,* éd. Traditionnelles) : « Ainsi, le Rose-Croix [...] n'était plus lié exclusivement à aucune forme définie, non plus qu'aux conditions spéciales d'aucun lieu déterminé. » Et il précisait en note : « Ni d'aucune époque particulière, pourrions-nous ajouter. »

Quant à la nature exacte de ce rosicrucianisme, Guénon lui-même ne nous en laisse rien ignorer, non plus que des influences qui présidèrent à l'origine de sa propre « vocation ». Dans un roman de jeunesse inachevé intitulé *La Frontière de l'Autre Monde,* le héros, après avoir assisté à une séance d'invocation à laquelle se présentaient des démons, recevait dans un camp de Bohémiens « une initiation en forme de travaux maçonniques [...]. En présence de Belphégor lui-même, il devenait Prince Rose-Croix, en s'appuyant sur le Mal par "la voie gauche et grâce à la puissance noire [...]". » (Cf. J.-P. Laurant, *Le Sens caché dans l'Œuvre de René Guénon,* éd. l'Age d'Homme, 1975, p. 23-24.)

Comment ne pas évoquer ici les paroles d'un maçon

converti, Jules Doinel*, qui avait fondé auparavant, en 1889, cette Église gnostique à laquelle appartiendrait précisément Guénon : « Car enfin, remonter de la Rose-Croix à la Croix, c'est remonter des enfers ! » Et il savait de quoi il parlait... C'est encore à lui que nous devons l'interprétation réelle du symbolisme de la Rose-Croix (cf. Jean Kostka [son pseudonyme] : *Lucifer démasqué,* éd. Slatkine, 1983) : La Rose, nous dit-il, est restée l'emblème du *silence* qu'elle fut pour les gnostiques (l'Eon *Sigê* est figuré par la Rose). La Croix, quant à elle, reste la Croix de Jésus-Christ. « Seulement, au lieu d'y être la Croix qu'on adore (...) elle est la Croix qu'on renie (...). Que signifie donc la Rose du silence apposée sur la Croix et sur cette place de la Croix où reposait la tête couronnée d'épines du Seigneur ? Elle signifie le *cachet de l'annulation mis sur la Rédemption.* La Rose plaquée à la croix n'est autre chose que *l'annihilation* de l'œuvre de la Croix. » Ce qui « s'explique » parfaitement si l'on sait que, selon Guénon, le degré de Rose-Croix implique « la restauration de l'"état primordial" » ou adamique... et donc l'effacement du péché originel.

On n'en apprendra qu'avec plus d'intérêt que, toujours selon Guénon, après la destruction de l'Ordre du Temple, les Rose-Croix « se réorganisèrent, d'accord avec les initiés à l'ésotérisme islamique, pour maintenir, dans la mesure du possible, le lien qui avait été apparemment rompu par cette destruction (...)** ».

---

* On consultera avec profit la notice biographique que lui consacre Mme Marie-France James dans *Ésotérisme, Occultisme, Franc-Maçonnerie et Christianisme aux XIXe et XXe siècles,* Nouvelles Éditions Latines, 1981.

** Un exemple beaucoup plus récent de relation entre l'Islam et la Gnose occidentale nous est fourni par le traité d'alliance et d'ami-

En effet, il est bien entendu que dans cette perspective, et comme le confirme le *soufi* Ibn Arabî (1165-1240), « le vrai sage ne se lie à aucune croyance » parce que, précise à nouveau Guénon, « il est au-delà de toutes les croyances particulières (...) mais c'est précisément pour cela qu'il peut, suivant les circonstances, parler le langage propre à chaque croyance ». *(Op. cit.)*

C'était très exactement l'avis de Cagliostro : « Il ne blâmait aucun culte, nous dit son biographe Marc Haven : il voulait même qu'on respectât le culte dominant. La Divinité, disait-il, préfère le culte simple et pur de la religion naturelle [Guénon eût dit quant à lui : de la Tradition Primordiale...] ; mais elle ne s'offense pas de ce que les hommes y ont ajouté en différents temps, selon les circonstances et les climats, pour adorer le Créateur et exprimer leurs actions de grâces. » Néanmoins, il se trouve que par une persistante malchance, le catholicisme est toujours le parent pauvre — pire : la victime sacrificielle — de cet œcuménisme « ésotérique ». Rien d'étonnant à cela si l'on suit d'un peu près ce courant rosicrucien qui a inspiré toutes les hérésies et les révolutions de l'histoire occidentale.

Ce serait une grave erreur — nous venons de le voir — que de limiter le rosicrucianisme à la brève apparition sur

---

tié conclu en 1928 entre Jean Bricaud, grand maître de l'Ordre Martiniste, Rose-Croix, évêque gnostique... et auteur d'un opuscule sur l'incubat et le succubat, et le Sheikh Ahmad al-Alâwî de Mostaganem. (Cf. Marie-France James, *op. cit.*). Or, le très guénonien Michel Vâlsan (lui-même musulman et fondateur d'une « tarîqah » française), considérait ce dernier, au moins implicitement, comme investi d'une fonction particulière à l'égard de la « spiritualité » occidentale. (Cf. Jean Robin, *René Guénon, Témoin de la Tradition,* Guy Trédaniel éditeur.)

le devant de la scène, dans les premières années du XVIIe siècle, d'un petit cénacle d'hypothétiques « humanistes », utopistes certes, mais plutôt inoffensifs et tout juste bons à susciter une mode fugitive dont se font encore l'écho certains hauts grades maçonniques, d'une touchante désuétude. En réalité, il s'agissait de l'émergence « ponctuelle » d'un courant aussi antique que redoutable, disions-nous à l'instant. Et si le témoignage de Jules Doinel n'avait pas suffi à nous en convaincre, il faudrait prêter grande attention aux considérations historiques suivantes. Elles ne prétendent certes pas à l'exhaustivité, mais ont le mérite — du moins avons-nous la faiblesse de le croire — de jeter quelque lumière sur un épisode antérieur à l'apparition « officielle » de la Rose-Croix.

Il concerne une société secrète littéraire et artistique, la Société Angélique, négligée des historiens parce qu'elle n'a pas joué, *apparemment,* de rôle politique. Encore appelée « Le Brouillard », elle fut fondée par l'imprimeur lyonnais Gryphe au XVIe siècle. Guillaume Postel et Antoine Fumée y font explicitement référence, en accusant Rabelais, leur contemporain, d'appartenir à une société secrète dont Postel souligne, en 1542, le caractère pernicieux, « si même elle ne nie pas Dieu directement ou indirectement comme ils disent et ne s'efforce pas de le chasser de son ciel ». (Cf. Paul Naudon, *La Tradition et la Connaissance Primordiale dans la Spiritualité de l'Occident ; les Silènes de Rabelais,* éd. Dervy, 1973.) Cette accusation était d'autant moins injustifiée que Rabelais rend dans *Pantagruel* (livre V, chap. XVIII) un bien compromettant hommage au « Viet d'aze [...] nostre unique Elixo [élixir] ». Or le Viet d'aze, en provençal, n'est autre que le Visage d'âne, ce qu'il conviendra d'avoir en mémoire lorsque nous parlerons de Seth, le dieu égyptien à la tête d'âne...

Gryphe, de son vrai nom Sébastien Greif, originaire de Reitlingen en Wurtemberg, s'était installé à Lyon en 1522. Il avait complété l'adoption de son pseudonyme par l'emblème d'un griffon, qu'il aurait emprunté au nom grec *Néphès* — le Brouillard — qui désignait le Principe Universel. Puisque : « C'était la nue, le nuage, qu'embrassait Ixion et que les Grecs nommaient Gryphe, l'embrouillée, avec une tête de bœuf pour hiéroglyphe. » (R. Mazelier : « En lisant Nerval ; Angélique », *Cahiers d'Études Cathares.*) Rabelais, dans le *Cinquième Livre* (chap. XI) assimile de son côté le Griffon au Sphinx.

La « bible » de la Société Angélique, ou Brouillard, était *Le Songe de Poliphile,* achevé en 1467 par Francesco Colonna, un dominicain né à Venise en 1433, et qui ne fut très certainement que le porte-parole d'un cénacle occulte. *Le Songe* fut édité dans la Cité des Doges en 1499 par le célèbre Alde Manucce dit l'Ancien. La première traduction française, qui date de 1546, fut l'œuvre d'un chevalier de Malte anonyme — ce qui, on le comprendra tout à l'heure, n'est peut-être pas sans signification. Bréviaire de la Société du « Brouillard », il se devait d'être quelque peu... nébuleux, comme le soulignait le jésuite Tiraboschi : « Heureux celui qui parvient, je ne dis pas à l'entendre, mais seulement à savoir dans quelle langue il est écrit, tant on y voit un confus mélange de fables, d'histoire, d'architecture, d'antiquités, de mathématiques, et de mille autres choses, avec le plus étrange entassement de mots grecs, latins, hébreux, arabes, chaldéens, lombards et italiens. » A quoi répondait l'avertissement de Leonardo Grasso, magistrat de Vérone qui avait subventionné l'impression du livre : « Ce qui s'y trouve n'est pas fait pour être dit dans les carrefours ; mais vient d'une nourriture philosophique, est puisé aux sources mêmes des Muses, exprimé dans un langage magnifique, et mérite la gratitude des hommes de science. »

De fait, ce curieux ouvrage eut une fortune étonnante. Écoutons Albert-Marie Schmidt, qui préfaça en 1963 l'édition des Libraires Associés : « Rééditée par Jacques Kerver en 1553 et en 1561, légèrement corrigée et succinctement commentée par l'occultiste Béroalde de Verville* (Paris, Matthieu Guillemot, 1600), l'*Hypnérotomachie* française abrégée exerce sur l'art et la culture de notre pays, durant plusieurs siècles, une notable influence. Elle inspire les dessinateurs et les peintres, chargés de mettre au point les fastes décoratifs des entrées royales. Elle féconde l'imagination plastique de Poussin, de Lesueur, de Perrault. (...) Elle fournit à Charles Nodier l'occasion de rêveries apocryphes (...). Elle transporte enfin d'un délirant enthousiasme Gérard de Nerval. »

L'objet de cet engouement est une sorte de compendium de science hermétique, si l'on en croit les alchimistes, et où, comme le souligne Béroalde de Verville, « tout doit estre comme obscur ». La première partie du *Songe* est consacrée à la quête initiatique de Polia, par le « héros » Poliphile, qui, tout comme Dante, s'égare d'abord « en une forest grande et obscure » où « un loup courant la gueule pleine » le terrorise. Le symbolisme chtonien et éminemment « ténébreux » de la

---

* Pornographe à ses heures, et que le surréaliste Alexandrian qualifie même de « foncièrement ordurier ». (Cf. *Les libérateurs de l'amour,* Ed. du Seuil, p. 51.)

quête se manifeste dans l'épisode où Poliphile, dûment initié, est jugé digne par le dragon-gardien du seuil, de franchir la porte des mystères et de s'enfoncer dans le labyrinthe souterrain, dans les « caves obscures... pleines de Chauve-sourys », jusqu'à « une région belle et plaisante ». Réplique parodique du paradis terrestre qu'enchantent cinq nymphes, « pays salutaire, verdoiant d'herbes, fleurs et plantes, souverainement agreables à la veue... habité de bestes debonnaires, remply de toutes voluptez... promenoir des grans dieux, le repos désiré et l'asseurance de l'esprit ». Enfin, il est mis en présence de Polia, lumière d'éclatante blancheur si l'on s'en réfère à l'étymologie grecque, et qui peut évoquer aussi l'Athéna Polias. « O prospere yssue des tristesses passees ! » Abjurant l'erreur chrétienne, Polia et Poliphile sont conduits « par grand cerimonie devant la saincte et sacree fontaine Cytheree », où Vénus leur confère un nouveau baptême.

Que la Société Angélique ait entretenu des liens étroits avec la Rose-Croix « officielle », c'est ce qu'indique — outre la similitude entre la vignette illustrant les textes de la Rose-Croix parus en 1616 (serpent enlaçant une ancre) et le dauphin du *Songe* — la quasi-identité entre des passages des *Noces chymiques de Christian Rosenkreutz* et *Le Songe de Poliphile.* Bernard Gorceix écrit d'ailleurs dans *La Bible des Rose-Croix* (Presses Universitaires de France, 1970) : « Les écrits attribués au Souabe Johann Valentin Andreae (1586-1654) sont un précieux maillon de cette chaîne qui joint *Le Songe de Poliphile* de Francesco Colonna, de 1499, le *Cinquième Livre* de François Rabelais, de 1564, le *Voyage des Princes Fortunés* de Béroalde de Verville, de 1610. Par leur beauté littéraire et par leur richesse spirituelle, philosophique, ils démontrent l'intérêt non seulement scientifique d'une connaissance approfondie d'une histoire de l'occultisme. »

Nous pouvons ajouter qu'un autre « maillon » de choix fut constitué par Jean Amos Komensky (1592-1670), plus connu sous le nom de Coménius, évêque des Frères Moraves qu'il avait conduits en Poméranie après l'échec de leur insurrection contre l'Autriche en 1620. (Voir Henry Coston, *La Conjuration des Illuminés,* Paris, 1979.) C'est Johann Valentin Andreae lui-même qui lui avait transmis le flambeau de l'initiation rosicrucienne. Violemment antiromain, il parle, s'agissant du saint-siège, de la « Superbe de l'Antéchrist », et précise ses intentions dans *Lux in Tenebris,* publié en 1657 : « Le Pape est le grand Antéchrist de la Babylone universelle.

« La Bête à tout faire de la courtisane, c'est l'Empire Romain (le Saint-Empire romain germanique) et spécialement la Maison d'Autriche.

« Dieu ne tolérera plus longtemps ces choses ; bien mieux, il détruira enfin le monde des impies dans un déluge de sang.

« A la fin de la guerre, la Papauté et la Maison d'Autriche seront détruites.

« Cette destruction sera le fait des Nations fatiguées de leur despotisme, accourant des quatre coins du monde, en premier lieu des peuples du Nord et de l'Orient. »

Ce passage explicitement antéchristique est d'autant plus révélateur que la Bible établit un rapport étroit entre les hordes *orientales* de Gog et de Magog et le roi *venu du Nord* qui les dirige :

« J'amène du Nord une grande calamité et une grande dévastation.

« Le destructeur des peuples s'est mis en marche. » (Jérémie, IV, 6-7.)

« Je te mettrai en marche depuis l'extrême Nord et je t'amènerai sur les montagnes d'Israël. » (Ezéchiel, XXXIX, 2.)

Ceci réfère symboliquement, sinon géographiquement, à l'*Imperium* païen dont les humanistes, en véritables nécromants, s'efforçaient de réanimer artificiellement le cadavre. Saturne, en effet, n'était qu'endormi dans les régions *hyperboréennes*. Horace (*Carm.* I, II, 30 sq.), tout comme Virgile (*Églogues,* IV, 5-10, 15 sq.), espérait en la proche venue de l'Apollon *hyperboréen*. Enfin, une prophétie du XVIe siècle attribuée à Paracelse, annonçait le « Lion du Septentrion » victorieux de la « cléricaille ». Il n'est nul besoin de souligner que le néo-paganisme nazi et sa récupération du mythe impérial s'inscrivent de plein droit dans cette eschatologie antéchristique. Ajoutons que cette alliance « païenne » du Septentrion et de l'Orient contre le christianisme romain s'explique là encore, symboliquement, par le fait que la Tradition Primordiale chère aux guénoniens était à l'origine polaire (le swastika est pour Guénon le « signe du Pôle »), mais que c'est le royaume souterrain de l'Agarttha ou de Shamballah (localisé en Asie centrale) qui en a recueilli le dépôt. (Il n'est pas sans intérêt de noter, à ce propos, que l'actuel roi de Shamballah, dans la mythologie tibétaine, a nom *Magag.* pa. Aniruddha. [Cf. Jean Marquès-Rivière, *Kâlachakra, Initiation tantrique du Dalaï-Lama,* éd. Robert Laffont, 1985].)

De fait, le « IIIe Frédéric », restaurateur d'un Imperium païen, et dont l'attente imprègne la mythologie germanique, eut des précurseurs dont les liens avec l'Orient furent attestés historiquement — confortant ainsi le thème eschatologique de l'alliance du Nord et de l'Est contre l'Occident. Un vieux conte italien cité par Julius Evola dans *Le Mystère du Graal et l'Idée impériale gibeline* (éd. Traditionnelles, 1967), dit que le « prêtre Jean, très noble seigneur indien », délégua une ambassade auprès de l'empereur Frédéric (selon toute vraisemblance l'excommunié Frédéric II) « qui était vraiment le miroir du monde, pour se rendre compte si c'était un sage en paroles et en actions ». Une autre légende, rapportée par Oswald der Schreiber, raconte que le Prêtre Jean donna à Frédéric II un vêtement incombustible en peau de salamandre, l'eau de l'éternelle jeunesse et un anneau orné de trois pierres grâce auxquelles on pouvait vivre sous l'eau, devenir invulnérable et se rendre invisible à volonté.

On sait que selon Guénon, le Prêtre Jean, incarnant à la fois l'essence du sacerdoce et de la royauté, l'autorité spirituelle et le pouvoir temporel, s'assimile au Roi du Monde, siégeant dans le Royaume souterrain — et que des catholiques perspicaces identifièrent comme étant le « Prince de ce Monde » dont il est question dans l'Évangile*... (Voir entre autres l'article d'Albert Frank-Duquesne dans le numéro spécial des *Études Carmélitaines* sur Satan [1948].)

Cette caverne « agartthique » nous ramène à un autre royaume souterrain : celui des initiations de la Société Angélique, qui fut à l'origine de ces considérations. Bien qu'elle professât très explicitement, nous l'avons vu, sa

* Le premier à avoir parlé du « Roi du Monde » (dans une correspondance avec Kirchberger) n'est autre que le célèbre franc-maçon Louis-Claude de Saint-Martin (1743-1803), dit « le Philosophe inconnu ».

haine du christianisme, son objectif avoué était celui du « tronc commun » de la Rose-Croix ; à savoir le « rétablissement du culte le plus pur de la divinité », comme l'écrivait Coménius dans *Lux in Tenebris*. Profession de foi qui s'accompagnait d'une nécessaire dissimulation, avant les événements eschatologiques qui verraient la « destruction de l'Idole » (romaine).

Ainsi les Rose-Croix, selon la tradition, revêtiront-ils les habits et adopteront-ils les coutumes des pays dans lesquels ils seront amenés à voyager. Cagliostro nous l'avait déjà dit, qu'il convient maintenant de retrouver. Cagliostro ou plutôt... Joseph Balsamo.

II

De l'aventurier au « noble voyageur »

Derrière la flamboyante légende de Cagliostro, nous découvrons les inavouables aventures d'un bien mauvais sujet : Joseph Balsamo. L'identité entre les deux personnages ne fait de doute pour personne, les preuves nous en ayant été fournies, entre autres, par son oncle, par sa femme... et par lui-même, à deux reprises (dans une requête pour faire enfermer son épouse, et à son procès devant le saint office). Par Goethe enfin qui, fasciné par le Grand Cophte, mena sa propre enquête à Palerme en 1786. (Cf. *Voyage en Italie.*)

Il en résulte que le pseudo-comte de Cagliostro était bel et bien Joseph Balsamo, né à Palerme le 2 (ou le 8) juin 1743, fils de Felicia Bracconieri et de Pietro Balsamo, « un humble colporteur juif » selon Frances Mossiker, un négociant sicilien, d'origine juive, banqueroutier, selon Jacques de Boistel. Quant à son *nomen mysticum,* il l'emprunta tout simplement à son grand-oncle maternel, Joseph Cagliostro. C'est d'ailleurs Vincentia Cagliostro qui tint le futur Grand Cophte sur les fonts baptismaux.

Un noviciat quelque peu forcé chez les Frères de la Charité, à Caltagirone, lui permit de s'initier, aux côtés du frère apothicaire, à la chimie et à la botanique — ce qui allait beaucoup lui servir par la suite. Mais le naturel facétieux du jeune Balsamo lui ayant fait remplacer — alors qu'il officiait comme lecteur au réfectoire — les noms des saints du martyrologe par ceux de célèbres prostituées palermitaines, on le chassa du couvent.

Les rues chaudes de Palerme furent dès lors le milieu où s'épanouirent ses dispositions particulières. Officiellement peintre pour enseignes, *in re,* vivant d'expédients, « Beppo » s'acquit une solide réputation d'entremetteur et de faussaire. Ainsi escroqua-t-il un orfèvre du nom de Vincenzo Marano, dont la cupidité le disputait à la crédulité et qui, comme nombre de Siciliens, passait beaucoup de temps à fouiller la terre à la recherche de trésors cachés — légués par une histoire aussi riche que tumultueuse. Ayant promis à l'orfèvre, contre une substantielle avance, de le mener à un fabuleux dépôt, Balsamo l'entraîna nuitamment en un lieu désert où, après qu'il se fut livré à quelques simagrées « magiques » (il ferait mieux par la suite...), il le fit rosser par une bande de vauriens avec qui il s'était acoquiné, et qui guettaient dans l'ombre. Après quoi toute la troupe déguerpit, Beppo emportant quant à lui les cent onces d'or imprudemment remises par le crédule Marano... Ce dernier, furieux, cria vengeance, et Balsamo estima plus sage de partir pour Messine, puis pour Malte.

C'est ici que se rejoignent le « vrai » Balsamo et le « faux » Cagliostro. Au point de jonction entre légende et réalité, il convient d'interroger le *Mémoire* du Grand Cophte, que nous retrouvons nanti d'un mystérieux gouverneur, Althotas, au moment où il décrit, à sa façon, le début de sa « vie publique » :

« J'arrivai, en 1766, dans l'île de Rhodes avec mon

gouverneur et les trois domestiques qui ne m'avaient pas quitté depuis mon enfance. Je m'embarquai sur un vaisseau François qui faisoit voile pour Malte.

« Malgré l'usage qui oblige les vaisseaux venant du Levant à faire leur quarantaine, j'obtins, au bout de deux jours, la permission de débarquer. Le Grand-Maître Pinto me donna, ainsi qu'à mon Gouverneur, un logement dans son Palais. Je me rappelle que l'appartement que j'occupois étoit voisin du laboratoire [d'alchimie].

« La première chose que fit le Grand-Maître fut de prier le Chevalier d'Aquino, de l'illustre Maison des Princes de Caramanica, de vouloir bien m'accompagner partout, et me faire les honneurs de l'Ile.

« Je pris alors pour la première fois, avec l'habit Européen, le nom de *Comte de Cagliostro* [il ne l'utilisera couramment que beaucoup plus tard], et je ne fus pas peu surpris de voir Althotas revêtu d'un habit Ecclésiastique et décoré de la Croix de Malte.

« Le Chevalier d'Aquino me fit faire connoissance avec toutes les Grandes Croix de l'Ordre : je me rappelle même d'avoir mangé chez M. le Bailli de Rohan, aujourd'hui Grand-Maître. J'étois loin de prévoir alors que, vingt ans après, je serois arrêté et conduit à la Bastille pour avoir été honoré de l'amitié d'un Prince du même nom.

« J'ai tout lieu de penser que le Grand-Maître Pinto étoit instruit de mon origine. Il me parla plusieurs fois du Chérif et de Trébisonde ; mais il ne voulut jamais s'expliquer clairement sur cet objet.

« Du reste il me traita toujours avec la plus grande distinction, et m'offrit l'avancement le plus rapide, dans le cas où je me déterminerois à faire des voeux. Mais mon goût pour les voyages et l'ascendant qui me portoit à exercer la médecine, me firent refuser des offres aussi généreuses qu'honorables.

« Ce fut dans l'île de Malte que j'eus le malheur de perdre mon meilleur ami, mon maître, le plus sage, le plus éclairé des mortels, le vénérable Althotas. Quelques moments avant sa mort il me serra la main : “Mon fils, dit-il d'une voix presque éteinte, ayez toujours devant les yeux la crainte de l'Éternel et l'amour de votre prochain ; vous apprendrez bientôt la vérité de tout ce que je vous ai enseigné.”

« L'île où je venois de perdre l'ami qui m'avoit tenu lieu de Père, devint bientôt pour moi, un séjour insupportable. Je demandai au Grand-Maître la permission de la quitter pour parcourir l'Europe ; il y consentit à regret et me fit promettre que je reviendrois à Malte. Le Chevalier d'Aquino voulut bien se charger de m'accompagner dans mes voyages, et de pourvoir à tous mes besoins.

« Je partis en effet avec lui. Nous visitâmes d'abord la Sicile, où le Chevalier me procura la connoissance de la Noblesse du Pays.

« De là nous visitâmes les différentes îles de l'Archipel ; et après avoir parcouru à nouveau la Méditerranée, nous abordâmes à Naples, Patrie du Chevalier d'Aquino.

« Ses affaires ayant exigé de lui quelques voyages particuliers, je partis seul pour Rome (...). »

Nous l'y retrouvons en effet — et très « officiellement » cette fois — en 1768. Mais avant qu'il n'y rencontre sa future femme, il nous faut bien sûr nous interroger sur le récit que nous venons d'entendre.

Qu'allait donc faire à Malte ce gredin de Balsamo, et fut-il réellement reçu et « adopté » par les chevaliers ?

Nous sommes confrontés ici à un élément décisif de l'énigme Cagliostro. N'oublions pas que les chevaliers de Malte s'étaient appelés autrefois les Hospitaliers de Saint-Jean, défenseurs des pèlerins de Terre Sainte et héritiers des biens du Temple, et qu'ils avaient toujours joui d'une extrême liberté. Ils ne dépendaient pas d'un ordinaire mais possédaient leur propre évêque — le « prieur de l'Église » — qui relevait directement du saint-siège. Comme le souligne Roger Peyrefitte (*Chevaliers de Malte,* éd. Flammarion, 1957) : « Leur histoire religieuse, à Rhodes et à Malte, était remplie de leurs luttes contre l'inquisition. De Malte, ils chassèrent les jésuites, plus d'un siècle avant qu'on les chassât d'ailleurs. » Depuis fort longtemps déjà leurs mœurs comme leur doctrine avaient été suspectées, à l'égal, sinon plus, de celles des Templiers. En effet, ainsi que le rappelle de son côté Jean Markale (*Gisors et l'énigme des Templiers,* éd. Pygmalion, 1986), « les Hospitaliers furent mêlés à des scandales beaucoup plus graves [que les Templiers]. Ils s'attirèrent bien des fois les foudres des papes pour s'être rendus coupables d'incontinence sexuelle, pour avoir protégé des assassins détrousseurs de pèlerins, et même pour *s'être égarés dans des doctrines hérétiques.* » (C'est nous qui soulignons.) De fait, en 1346, le pape Clément VI écrivait au grand maître Gozon : « Désirant que tu te diriges dans le droit chemin et que l'Hôpital prospère spirituellement et temporellement, nous avons entendu avec regret des choses fâcheuses qui se disent de lui, tant pour les personnes que pour les biens. C'est, en effet, l'opinion du clergé et du peuple, souvent exprimée en notre présence par des hommes vertueux, que toi, mon fils, et les autres dignitaires de cet Hôpital, vous ne faites pas la charité que vous devriez faire, avec ses trésors innombrables, transmarins ou cismarins... Ses administrateurs chevauchent des chevaux grands et beaux, se nourrissent de nourritures délectables, vêtent des vêtements magnifiques, boivent dans des vases d'or et d'argent, entretiennent des oiseaux et des chiens, vont à la chasse, amoncellent des sommes immenses et élargissent des aumônes modiques ou rares... Nous t'engageons donc à remédier à cela, de peur que Nous et le siège apostolique, comme beaucoup Nous y poussent, ne soyons forcés, par ton défaut et ta paresse, d'y pourvoir autrement. »

Trente ans après, c'était en somme l'ébauche d'un nouveau procès des Templiers. Ce dont on s'étonnera peut-être moins si l'on sait, comme l'écrivait Roger Peyrefitte *(op. cit.)*, qu'il existe dans les archives secrètes de l'Ordre de Malte, « un texte établissant que l'Hôpital n'avait reçu qu'en apparence le fruit d'une spoliation. Le dernier grand maître du Temple, Jacques de Molay, ayant su que les chevaliers de Saint-Jean pensaient à le défendre, les fit supplier de ne pas se compromettre pour une cause perdue d'avance, demanda à leur grand prieur Raoul d'Orléans de venir le visiter dans sa prison et lui remit le testament qui instituait l'Hôpital héritier du Temple. »

Ce désir de Jacques de Molay de ne pas *compromettre* inutilement les Hospitaliers, semble bien indiquer que ces derniers n'héritèrent pas seulement des biens *matériels* du Temple... Aussi n'est-ce pas sans intérêt que nous constatons le rôle important joué par de nombreux chevaliers de Malte, au XVIIIe siècle, dans les loges maçonniques. A commencer par le commandeur de Monspey, qui, très habilement, réussit là où Cagliostro lui-même avait échoué. Nous voulons parler de son influence sur le haut maçon lyonnais Jean-Baptiste Willermoz. Monspey mit en effet ce dernier en relation avec sa sœur, la chanoinesse de Vallière, qui devint, nous allons voir comment, l'« Agent Inconnu » du Rite Écossais Rectifié. (On consultera avec profit sur ce sujet, de Mme Alice Joly : *Un mystique lyonnais et les secrets de la Franc-Maçonnerie,* éd. Protat, 1938 ; et *De l'Agent Inconnu au Philosophe Inconnu* [en collaboration avec Robert Amadou], éd. Denoël, 1962.) Marie-Louise de Vallière (1731-1814), chanoinesse de Remiremont — et, nous l'avons dit, sœur du « Chevalier Bienfaisant de la Cité Sainte » (et néanmoins commandeur de l'Ordre de Malte) Monspey — recevait « par la voie la plus imprévue et la plus extraordinaire que l'esprit humain puisse concevoir, des instructions très lumineuses sur tout ce qui existe de vrai et d'essentiel à l'homme dans la Nature ». En fait, il s'agissait très vulgairement d'une forme d'écriture automatique : après que des sensations kinesthésiques, qu'elle appelait « batteries », l'avaient prévenue de l'imminence du phénomène, Mlle de Vallière, intronisée « Agent », voyait sa main courir sur le papier sans intervention ni contrôle de sa part. Elle écrivait et dessinait ainsi d'étranges messages qui formèrent de très nombreux cahiers et devaient être à la base d'une « Initiation ». C'est par ce canal très spécial que le naïf Willermoz — qui n'avait échappé à Cagliostro que pour tomber dans les rets du duo fraternel Monspey-de Vallière — eut connaissance de son élection comme « Sacerdos de la Nouvelle Initiation », le 5 ou le 6 avril 1785. Même s'il devait par la suite prendre ses distances d'avec la chanoinesse, le rituel du Rite Écossais Rectifié témoigne, aujourd'hui encore, de l'influence de ce mystérieux « Agent Inconnu ».

On s'interrogera sans doute sur la raison de ces manœuvres visant Willermoz et, à travers lui, le Rite Écossais Rectifié. C'est que, au sein de la Haute Maçonnerie du XVIIIe siècle, ce rite, issu de la Stricte Observance, s'éloignait progressivement de cette dernière, et, devenant de plus en plus chrétien, répudiait en proportion l'« héritage templier ». Or, celui-ci était revendiqué très explicitement par la Stricte Observance, suscitée, à travers le baron de Hundt, par les « Supérieurs Inconnus » qu'une singulière légende désigne encore comme les « Fils de la Vallée » — constituant la hiérarchie secrète, parallèle, de l'Ordre du Temple.

Sans doute comprend-on un peu mieux, maintenant, dans quel contexte historique Cagliostro avait été préparé à sa mission. Et par-delà les récits plus ou moins « symboliques » qu'il nous conte dans son *Mémoire justificatif,* nous retiendrons qu'un de ses ancêtres, Giovanni Salvo Balsamo, fut, en 1618, grand prieur de l'Ordre de Malte, à Messine. Messine, précisément, qui est sa dernière étape connue avant Malte, lorsqu'il se fut enfui de Palerme...

En tout cas — et pour sacrifier un peu à l'anecdote — Cagliostro fut sans doute ravi de son dîner chez le bailli — et F.·.* — de Rohan (futur grand maître) qui se signalait, en bon héritier de Gozon, par les cent espèces de vins de sa cave — luxe condamné par le capucin Zammit, qui le traita de Sardanapale. Est-ce le bailli qui recommanda à Cagliostro son parent le cardinal ? Il serait présomptueux de l'avancer. Disons simplement que là encore la coïncidence est troublante. Plus troublante encore si l'on sait que sous la grande maîtrise de Rohan,

---

* Initié à Parme avant 1756.

le comte de Kolowrat, grand prieur de Bohême, fondera la « St-John's Lodge of secrecy and harmony ». (Cf. Jean Tourniac, *Propos sur René Guénon,* éd. Dervy-Livres, 1973, p. 169.) Juste retour des choses puisque, à en croire des catéchismes et instructions maçonniques datant de 1744 et 1747, « les Maçons formaient une branche de l'Ordre de Malte... » (Cf. René Le Forestier, *La Franc-Maçonnerie templière et occultiste.*)

Ce qui est sûr, c'est qu'il existait à Malte des loges maçonniques, peut-être dès 1760-61 (cf. Jean Tourniac, *op. cit.*), donc antérieurement à celle fondée par Kolowrat, et que la charte de constitution délivrée par la Grande Loge d'Angleterre en 1788 mentionne les chevaliers suivants, dont nous empruntons l'énumération à Jean Tourniac :

« Bailli Tommasi, Grand-Croix de Malte, qui devint le 73e Grand Maître de l'Ordre ; Abel de Loras, Grand-Croix de Malte ; Bailli comte de Litta, Grand-Croix de Malte, Maréchal de l'Ordre et Procureur de l'Ordre (il était déjà membre de la loge du Comté de Kolowrat) ; de Royer, Chevalier de Grâce magistrale ; Ventimiglia et Stagno, Chevaliers.

« Les registres de la loge entre 1788 et 1792 font en outre état, parmi les membres et officiers, des chevaliers David Sigismond de la Tour du Pin, Bailli, Grand-Croix de Malte et général des Galères ; Nicolas Rouyer, Chevalier de Grâce magistrale et Gabriel-Michel de Royer, Chevalier de Grâce magistrale et Commandeur de l'Ordre de Malte ; Saint-Priest, Chevalier Commandeur de l'Ordre et Capitaine des Galères ; Antoine de Ligondes, Chevalier ; Joseph de Caracciolo de Saint-Erasme, Lieutenant-Maréchal de Malte, et du fameux Donat Pierre-Jean-Louis-Ovide Doublet.

« Dans le rapport final adressé à la Grande Loge de Londres, le 24-2-1792, on relève cette phrase : "They added by moral analogy or other expediency, those of knight of the East, knight of sun and of the Rose-Croix".»

Et Jean Tourniac se demande même si Gallarati-Scotti, inquisiteur de Malte de 1785 à 1793, n'aurait pas lui-même été maçon !

Enfin, il est un fait que nous ne pouvons passer sous silence, nonobstant son caractère quelque peu déconcertant : certains contemporains furent stupéfaits de la ressemblance entre le successeur du grand maître Rohan — le baron Ferdinand de Hompesch, élu en août 1797 — et... le comte de Saint-Germain. L'évêque schismatique Wedgwood s'interrogeait en ces termes, en 1926, dans un article traduit de l'anglais et publié dans la *Revue théosophique :* « De toutes ces vies [les existences physiques assignables à Saint-Germain], lesquelles furent des cas d'incarnation réelle, dans le sens complet du mot, depuis la première enfance ? Lesquelles furent des cas de possession complète d'un corps adulte ? Et lesquelles des cas d'occupation temporaire, d'un corps appartenant à un autre ego ? » Nous verrons tout à l'heure à quoi correspondent ces bizarres cas de « possession ». Retenons, au moins à titre symbolique ou même « allégorique », cette mention d'un lien entre l'Ordre de Malte — en la personne de son *dernier* grand maître souverain — et Saint-Germain. Et retenons aussi, par là même, la possibilité d'un contact, dans l'Ordre et peut-être plus précisément dans l'île, entre Cagliostro et l'« entité » Saint-Germain. Ce qui est sûr, c'est que le Portugais Don Manoel Pinto d'Alfonseca, alors grand maître de l'Ordre de Malte, et qui est censé avoir accueilli Joseph Balsamo, s'intéressait fort à l'occultisme et même à l'alchimie.

Il est non moins certain qu'en arrivant à Rome en 1768, Balsamo remet au baron de Bretteville, ambassadeur de l'Ordre, une lettre de recommandation du grand maître lui-même. Certain enfin qu'il est introduit, comme il le dit dans son *Mémoire justificatif,* auprès du cardinal Orsini et du cardinal d'York, ainsi que du cardinal Ganganelli, le futur pape Clément XIV. Est-ce la première étape d'une « mission » auprès du saint-siège qui finira très mal, puisque aussi bien les temps n'étaient pas mûrs encore ?...

Quoi qu'il en soit, il fait dans la Ville Éternelle une autre rencontre : celle de Lorenza Feliciani, qui allait devenir pour lui une précieuse auxiliaire. L'oncle de Balsamo-Cagliostro la décrira en ces termes : « Elle a le front pur, le nez mignon et un peu aquilin, une peau blanche, des yeux bleus, des cheveux châtain clair, une bouche mutine. » Son père Giuseppe est fondeur de cuivre. C'est un brave homme, pieux, qui avec sa femme Pasqua, tout aussi dévote, élève ses enfants (Lorenza a un frère : Francesco) dans le respect des lois et de la Sainte Église. Ces braves gens ne méritaient certes pas un gendre comme Beppo Balsamo, mais le mariage n'en eut pas moins lieu le 20 avril 1768 à San Salvatore in Campo.

C'est déjà pour une affaire de faux que le couple Balsamo est contraint de quitter Rome, au début de décembre 1769. On suit* la trace de Beppo et Lorenza en Ombrie, dans les Marches puis à Lorette et à Venise, où Balsamo est emprisonné... pour faux. Enfin, on retrouve les époux à Gênes et à Milan. Démunis, ils se seraient fait

* Grâce entre autres à Raymond Silva, *Joseph Balsamo alias Cagliostro,* éd. Ariston, 1975.

passer pour des pèlerins se rendant à Saint-Jacques-de-Compostelle. Sauvés par les aumônes, détournant les quêtes, ils gagnent Lodi, Gênes à nouveau, Antibes, Toulon, Aix-en-Provence (où Casanova dira les avoir rencontrés), et enfin Perpignan, avant de passer en Espagne. A Barcelone, ils descendent dans un tripot, l'*Hostal del Sol.* Balsamo, moyennant quelques avis dans les gazettes locales, se forge une fructueuse réputation de mage, sorcier et nécromant. On vient de loin pour le consulter, et l'on se laisse séduire par ses talents de devin (et de tricheur !)... ou encore par les charmes de sa peu farouche épouse, que l'on surnomme bientôt l'*Italiana guapa.* Elle accroche à son tableau de chasse un très noble personnage : Don Ambrosio Funes de Villalpanda, comte de Riela, capitaine-général et vice-roi de Catalogne. Puis, le fier hidalgo s'étant lassé, elle tombe dans les bras d'un autre aristocrate, le marquis de Fontana, un Madrilène qui décide le couple à faire le voyage de la capitale. Introduit dans la haute société, Joseph Balsamo peut faire fructifier ses talents de peintre qui lui avaient surtout servi jusque-là à fabriquer des faux Rembrandt ou des petites vues des églises et des collines romaines. Ainsi le futur comte de Cagliostro devient-il le peintre à la mode, vendant ses tableaux au duc d'Albe, entre autres aristocrates madrilènes.

Las, le volage amant de Lorenza s'amouracha d'une nouvelle maîtresse, laissant là ses amis. Ceux-ci repartirent pour Lisbonne, où Lorenza prit cette fois dans ses filets un riche marchand, Anselmo La Cruce. Son époux complaisant, de son côté, continue de se consacrer à son art favori, vendant à des Anglais fortunés ses dessins et ses tableaux. Ce sont d'ailleurs ces clients qui lui conseillèrent de ne pas gâcher son talent dans un pays peu apte à le reconnaître, et de gagner plutôt Londres, où les peintres italiens étaient fort prisés.

C'est ainsi que les Balsamo emménagèrent le 3 août 1771 dans un appartement situé à Leaden Hall Street. Giuseppe reprend ses pinceaux et s'abouche avec un certain Moïse Benamore, qui prétend lui commander des dessins pour le sultan du Maroc. Mais en l'occurrence, Balsamo a trouvé plus escroc que lui. Il ne sera jamais payé, et intente un procès à l'aigrefin, qui se révèle insolvable. On l'emprisonne mais Giuseppe refuse de payer les frais du procès.

Un épisode digne de la *commedia del'arte* clôt ce premier séjour londonien : Lorenza, ayant séduit un riche Quaker, son entremetteur de mari voit tout de suite le parti qu'il en peut tirer, connaissant la sévérité des lois anglaises qui répriment l'adultère. Ils attirent le Quaker dans un piège et Balsamo, à l'instant décisif, surgit de derrière un paravent comme un diable de sa boîte, jouant les maris offensés. Le Quaker, soucieux d'éviter le scandale, s'en trouva allégé de 100 livres sterling... Somme qui permettra au couple — trouvant l'air londonien de plus en plus malsain, eu égard au caractère spécial de ses activités ! — d'embarquer à Douvres le 15 septembre 1772 à destination de Calais.

La nouvelle victime de Lorenza est un passager français, M. Duplessis, avocat au Parlement de Paris. Il loge ses amis chez la marquise de Prie, dont il est l'intendant. Mais cette fois, il semble bien que Lorenza se soit éprise de son amant, suscitant, juste retour des choses, la jalousie de Balsamo, à quoi s'ajoute la crainte beaucoup moins avouable de voir s'enfuir avec son galant une si précieuse complice... Celle-ci, en effet, cède aux objurgations de Duplessis, qui l'héberge rue Saint-Honoré.

Balsamo, qui se trouvait avoir portraituré M. de Sartine, le célèbre lieutenant de police, va porter plainte auprès de ce dernier, dont nous possédons la lettre qu'il adressa le 26 janvier 1773 au commissaire Fontaine :

« Je vous prie, Monsieur, de dresser procès-verbal de la capture de Laurence Feliciani, femme Balsamo, lorsqu'elle sera arrêtée de l'ordre du Roi par le Sieur Buhot et de m'en adresser copie aux dépens de son mari.

« Je suis, Monsieur, votre très humble serviteur.

De Sartine. »

La fugitive fut en effet retrouvée et incarcérée le 2 février 1773 à Sainte-Pélagie, où l'on emprisonnait les voleuses et les prostituées. Elle y restera quatre longs mois, et il semble que cette détention ait suscité chez Lorenza un désir de vengeance qui restera longtemps latent, mais se manifestera à la fin de l'épopée de Cagliostro par une « trahison » dont il ne faut sans doute pas chercher les causes plus loin. Comme le dit très justement Raymond Silva *(op. cit.),* « c'est à coup sûr de cette époque qu'en dépit des apparences elle éprouvera pour son mari une sourde rancune qui plus tard deviendra de la haine ».

En attendant, le couple, qui semble réconcilié, reprend, dès que les portes de Sainte-Pélagie se sont ouvertes, le cours de ses errances. Bruxelles ? Aix-la-Chapelle ? Vienne ? On l'a dit, mais les preuves décisives font défaut. Au vrai, on ne retrouve le fil des pérégrinations de Giuseppe et Lorenza qu'au printemps 1775, à Naples, où ils tombent sur Antoine Bracconieri, l'oncle de Balsamo... ou plutôt du marquis de Pellegrini, puisque c'est sous cette flatteuse identité qu'il voyage. Le bon oncle, convaincu que « Beppo » s'est amendé, est ravi, et l'on décide de rentrer à Palerme de compagnie. Comme Balsamo, à la suite de ses frasques de jeunesse, n'y est pas *persona grata,* Bracconieri demande pour son neveu la protection du prince de Pietra Persia, qui la lui accordera d'autant plus volontiers qu'il va tomber amoureux de l'irrésistible Lorenza. Mais entre-temps, Giuseppe avait retrouvé son ennemi intime, l'orfèvre Marano, qu'il avait si plaisamment dupé naguère. Celui-ci réussit à faire emprisonner le faux marquis, dont Pietra Persia obtint la libération. Mais son pouvoir, si grand qu'il fût, n'était tout de même pas en mesure d'amnistier les brigandages du mari de sa maîtresse ; et les autorités siciliennes contraignirent les époux Balsamo à quitter Palerme sous 24 heures.

Après un nouveau « trou » (Malte ? Naples ? Toulon ? Marseille ?), c'est, pour la deuxième fois — et serions-nous tenté d'écrire : la bonne — l'arrivée à Londres en 1776. Le temps des épreuves probatoires (sans doute inauguré à Malte) semble achevé. L'*individu* Balsamo est prêt à recevoir l'*entité* qu'on lui destinait, à se laisser posséder par elle. La preuve ? C'est à ce moment qu'il change définitivement son nom, ou ses noms, pour celui de comte de Cagliostro, *comme il en a reçu l'ordre,* selon qu'il l'a avoué lui-même. Quant à Lorenza, elle devient Serafina. Et l'on sait que pour Guénon, tout changement de nom symbolise un changement d'état. De fait, elle allait être intronisée grande maîtresse de la loge d'adoption « Isis », réservée aux femmes, aussi nombreuses que distinguées, qui imploreraient bientôt le Grand Cophte de les initier. Singulière promotion pour l'*Italiana guapa !*

Les apparences matérielles elles-mêmes témoignent curieusement de cette métamorphose du couple : les

Balsamo — pardon : les Cagliostro — deviennent très riches, et de ce jour, le « comte », qui avait si longtemps vécu d'expédients... et des charmes de sa femme, ne manquera plus jamais d'argent. Le couple emménage dans un vaste appartement au n° 4, Whitcomb Street, non loin de Leicester Fields, chez une certaine Mrs Juliet. Cagliostro s'y arrangera un oratoire d'alchimiste.

Londres, à l'époque, est une terre d'élection pour la Maçonnerie en général et pour les activités de Cagliostro en particulier. Qu'on en juge d'après ces lignes de Bernard Faÿ (*La Franc-Maçonnerie et la révolution intellectuelle du XVIIIe siècle,* La Librairie Française) : « Toutes ces petites gens d'Angleterre aimaient la religion, ils aimaient ses émotions, ses prières, ses menaces et ses joies secrètes, et nombreux sont ceux qui arrivèrent au déisme ou même à l'athéisme par préoccupation religieuse, par avidité mystique mal dirigée, et aussi par le gauchissement bizarre de cet instinct qui les poussait si fortement vers l'absolu. » Que demander de mieux ?...

Mais où Cagliostro reçut-il cette initiation qui, comme l'a rapporté Philippe Erlanger, allait changer la lourde chenille en phalène éblouissante ? Il la reçut très précisément, pour que la cohérence « symbolique » qui marque son destin ne fût pas altérée, dans la salle d'un *cabaret,* le *King's Head* (était-ce une sinistre prémonition ?...) qui faisait l'angle de Gerard Street, dans le quartier de Soho. Le procès-verbal de cette initiation a été retrouvé (cf. Ribadeau-Dumas, *Cagliostro,* éd. Arthaud, 1966, et Raymond Silva, *op. cit.*) ; et c'est ainsi que nous connaissons le serment prêté par Cagliostro :

« Moi, Joseph Cagliostro, en présence du Grand Architecte de l'Univers, en celle de mes supérieurs et de la respectable assemblée où je me trouve, je promets de faire tout ce qui me sera ordonné par mes supérieurs ; à cet effet, je m'engage, sous les peines connues de mes supérieurs, à obéir aveuglément, sans rechercher les motifs de leurs ordres, et à ne découvrir le secret des mystères qui me seront communiqués, ni de vive voix, ni par geste, ni par écrit. »

La loge dans laquelle il entrait ainsi avait nom l'« Espérance » et portait le n° 369. Fait significatif, rapporté par Marc Haven, « ce n'est pas dans un atelier aristocratique, comme il y en avait tant à Londres, qu'il pénétra, mais dans une loge de petites gens, formée de ce tiers-état français qui devait être tout bientôt ». De fait, sont initiés en même temps que lui un valet sans nul doute d'origine française, Pierre Boileau, et un musicien italien du nom de Ricciarelli. Toutefois, cette initiation « classique » était une condition nécessaire, mais non suffisante ; même si Bülau, dans sa *Vie de Cagliostro,* a lui aussi remarqué que : « De ce moment-là, date la puissance qu'il exercera assez longtemps et le bruit qu'il fit en Europe. » Cette puissance, il ne la devait évidemment pas à sa seule « illumination » maçonnique, mais, nous le verrons, à l'entité dont elle avait permis ou facilité l'inhabitation permanente, et qui allait jouer à son égard le rôle, non pas certes d'un ange gardien — il reconnut n'en plus avoir — mais d'un *daïmon,* ou d'un mauvais *djinn,* comme eussent dit ces Arabes qu'il prétendait avoir si bien connus dans sa jeunesse. Est-ce à lui qu'il doit ses pouvoirs ? Il est loisible de le penser car ceux-ci sont incontestables. Ils concernent moins la thérapeutique — on l'a vu au début de cet ouvrage — que la magie cérémonielle et la divination.

Il commença d'exercer celle-ci à Londres même, en

donnant à des fâcheux et à des aigrefins, pour s'en débarrasser, des numéros de loterie gagnants. Il est bien difficile de connaître son procédé — si tant est qu'il fût *sien* — puisque deux passages de sa *Lettre au peuple anglais* paraissent contradictoires. Les voici : « A force d'attention, de travail et d'études, il [Cagliostro parlait ici de lui à la troisième personne] était parvenu à réduire en certitude des calculs astrologiques faits sur le tirage des loteries. » Et ailleurs : « Le tirage de la loterie d'Angleterre commença le 14 : j'indiquai, en plaisantant, le premier numéro : personne de ma société ne voulut l'assurer, et le *hasard* [c'est nous qui soulignons] voulut que le numéro sortît en effet. J'indiquai pour le 16 le numéro 20 ; Scott risqua peu de chose et gagna. J'indiquai pour le 17 le numéro 25 ; le numéro 25 sortit et fit gagner 100 louis à Scott. J'indiquai, pour le 18, les numéros 55 et 57 qui sortirent tous les deux. Les profits de cette journée furent partagés entre Scott, Vitellini, et la prétendue Milady Scott. »

Il paraît s'être abstenu d'exercer ce don par la suite (sauf peut-être à Bruxelles) : « Quelle que pût être la cause de cette bizarrerie [l'exactitude de ses pronostics dont il ne souhaitait manifestement pas donner la clef], je crus par délicatesse *[sic],* devoir m'abstenir de donner à l'avenir aucun numéro. »

Fuyant à nouveau l'Angleterre, où ils commençaient à jouer un peu trop à leur gré le rôle de mystificateurs mystifiés, face à quelques filous qui voulaient à toute force s'approprier leurs secrets, Giuseppe et Lorenza — ou plutôt : Alexandre et Serafina — recommencent en qualité d'initiés une existence errante qu'ils avaient déjà vécue comme de vulgaires aventuriers. Ainsi Cagliostro pourra-t-il justifier le titre de « noble voyageur » qu'il s'octroie complaisamment. Et selon Milosz *(Les Arcanes) :* « Les pérégrinations des initiés ne se distinguent des ordinaires voyages d'études que par le fait que leur itinéraire coïncidait rigoureusement, sous ses apparences de course aventureuse, avec les aspirations et les aptitudes les plus secrètes de l'adepte. » Quant à Marcel Clavelle (*Le Voile d'Isis,* mai 1932), il précise que « Le "voyageur" se dégage aussi de tous les particularismes, même religieux, pour aboutir à cet "universalisme" qui est un des buts de l'enseignement initiatique. Une tradition même est encore une forme dont il faut, *à un certain moment,* se dégager pour atteindre la pure Tradition Primordiale dont les autres ne sont que des adaptations et des reflets. »

Nous savons déjà tout cela par cœur, et sommes à même de poser un signe d'égalité entre cette Tradition Primordiale chère aux ésotéristes d'obédience guénonienne, et la « véritable religion » prêchée par Cagliostro. Poursuivons toutefois cette citation de Marcel Clavelle, d'autant plus précieuse que ces lignes émanent d'un disciple de Guénon qui se voulut néanmoins fidèle au christianisme : « Rappelons que certains "voyageurs" sont des serviteurs de l'"adversaire" (...) ils sont derrière les grandes puissances financières, derrière les partis politiques, ils fondent des sociétés secrètes, des groupements magiques ; ils suscitent des guerres, fomentent des révolutions "pour libérer les peuples", et l'humanité paie cher les prétendus services qu'ils lui rendent... Mais l'or les protège (...). »

Protégé par l'or ? Certes, Cagliostro le fut, tout au long de son périple européen, dont l'objectif n'est pas bien difficile à déterminer. Comme l'écrit ingénument Marc Haven : « A travers tous ses voyages, vivant dans les milieux les plus divers, tantôt à la cour des rois, chez des princes, dans les sociétés les plus cultivées, avec des savants, des mystiques, des littérateurs, tantôt dans le peuple même, au fond des tavernes, dans les mansardes des pauvres, assailli chez lui de visiteurs étrangers, confident de beaucoup de misères cachées, conseiller secret de plus d'un grand personnage, Cagliostro avait connu en quelques années l'état des nations européennes mieux, certainement, qu'un diplomate ou qu'un philosophe ne pouvait le faire. Tous les rouages rouillés de cet organisme avaient grincé devant lui ; il avait vu combien usée, combien prête à se rompre était cette pauvre machine, si brillants qu'en fussent les dehors. » Il est en tout cas assuré que Cagliostro ne fit rien pour consolider la « pauvre machine » en question !

A chaque étape, ses FF∴ l'accueillent avec enthousiasme. En 1778, à La Haye, il est reçu dans la loge « l'Indissoluble ». Il y côtoie le duc de Brunswick, qu'il retrouvera en Prusse. Puis on le signale à Bruxelles, à Innsbruck, à Nuremberg, à Leipzig où il rencontre Dom Pernéty, bénédictin alchimiste en rupture de monastère, nommé par Frédéric II conservateur de la bibliothèque de Berlin, et fondateur du Rite maçonnique des « Illuminés d'Avignon ». Puis vient un bref séjour à Koenigsberg, d'où il est contraint de partir parce que — épisode ô combien ironique — le chancelier et ministre d'État von Korff le prend pour un émissaire des jésuites !

Mais c'est à Francfort en 1780 que la mission politique de Cagliostro allait connaître une impulsion décisive. Si l'initiation londonienne concernait d'abord les moyens d'action « psychiques » et la mission religieuse du Grand Cophte, c'est sa réception au sein des Illuminés de

Bavière qui allait donner le véritable départ de son action « temporelle ».

L'Ordre des Illuminés de Bavière fut fondé le 1er mai 1776 par Adam Weishaupt, doyen de la Faculté de Droit d'Ingolstadt, en Bavière. Il rêvait d'une société secrète qui combattrait la superstition au nom de la Raison et de la Science. Il s'aida tout d'abord de la Franc-Maçonnerie, « jugeant comme tant d'autres plus commode de s'asseoir à une table servie que de mettre lui-même le couvert »... Ainsi Weishaupt — qui avait pris le *nomen mysticum* de « Spartacus » — se fit-il initier à Munich en février 1777, à la loge « la Prudence » — bien mal nommée en l'occurrence puisqu'elle accueillait en son sein un « frère » qui allait tenter avec quelques acolytes d'« infiltrer » la Maçonnerie tout entière, point assez subversive à ses yeux, pour en faire sa chose.

Dans cette perspective, plusieurs Illuminés de Munich, pratiquant ce qu'on appellerait aujourd'hui l'« entrisme », se firent recevoir en 1779 dans la loge « Théodore au Bon Conseil ». Une fois maîtres de la place, ils apportèrent au règlement diverses modifications. C'est à l'occasion de démarches « administratives » à Francfort, ayant pour objet de faire ériger « Théodore au Bon Conseil » en loge provinciale pratiquement indépendante — et qui serait en somme, pour l'Ordre des Illuminés, une couverture et une pépinière — que le baron de Knigge, le futur initiateur de Cagliostro, fut recruté.

Adolphe-François-Frédéric-Louis, baron de Knigge, était démocrate par conviction et écrivain par nécessité. Son père avait été un maçon de haut grade, fort occupé de recherches alchimiques, et le jeune Adolphe, chassant de race, avait manifesté dès son plus jeune âge un goût prononcé pour les sociétés secrètes. Rien d'étonnant donc à ce qu'il se fût fait recevoir dans la Franc-Maçonnerie de Stricte Observance, où il reçut le nom d'*Eques a Cygno.* Il n'y avait pas trouvé ce qu'il attendait d'une société secrète, et fut ravi d'entrer chez les Illuminés de Bavière, où il prit le nom de Philon.

Il est vrai que l'initiation avait de quoi impressionner les plus blasés. Un contemporain peu suspect de « diaboliser » la secte puisqu'il était lui-même franc-maçon, le marquis de Luchet, publia en 1788, à Berlin, une brochure anonyme écrite en français et intitulée *Essai sur la secte des Illuminés.* Cet opuscule a fait suffisamment de bruit pour que la personnalité de son auteur ne nous soit pas indifférente. Stanislas de Guaïta, célèbre occultiste* de la fin du XIXe siècle (et ami de Maurice Barrès) n'hésitait pas à qualifier l'*Essai* de Luchet de prophétique. « Étrange rencontre ! L'homme dont l'intuition suraiguë a su prévoir tant d'événements prochains semble encore, aux dernières pages de son livre, entrevoir Napoléon et son despotisme dans les ombres d'un avenir plus éloigné : "Ô toi qui remplis la terre de hauts faits et de grandes vertus, ô Renommée, porte ailleurs ta trompette harmonieuse !... Ne publie jamais qu'un capitaine, encore plus emporté que valeureux, compte pour rien les victimes immolées à son ambition, pourvu que leur sang fasse croître les lauriers"... »

Singulière prémonition en effet, et qui exigerait sans doute que l'on examinât de plus près le problème de l'initiation maçonnique de Bonaparte. Mais, décidément

* Dont certains ont fait hâtivement un sataniste pour la raison qu'il écrivit — en la condamnant... — sur la magie noire. Quoi qu'on puisse penser de ses vues, fort contestables en effet à d'autres égards, l'honnêteté commandait cette mise au point.

intrigués par les prophéties... ou les informations de Luchet, faisons plus ample connaissance avec cet énigmatique marquis.

Jean-Pierre-Louis de Luchet, fils d'un lieutenant d'infanterie, né à Saintes en 1739, fit ses études en cette ville, avant d'entrer dans la Compagnie de Jésus. Lorsque l'Ordre fut supprimé en 1763, il devint officier de cavalerie, puis démissionna en 1765 et épousa la fille d'un négociant de Genève. Il entama en 1766 la publication d'une *Histoire d'Orléans* dont on ne connaît que le premier tome : des attaques visant la mission providentielle de Jeanne d'Arc causèrent un tel scandale que le marquis jugea plus sage d'arrêter là son entreprise blasphématoire. Après quelques revers de fortune, il vint, avec sa femme, s'installer à Ferney, chez son ami et protecteur : Voltaire, Mme de Luchet s'efforçant de payer son hôte « par des petits soins qu'on reconnaît, lors même qu'ils fatiguent un peu »... Voltaire remercia le complaisant marquis en le recommandant au Landgrave de Hesse-Cassel, Frédéric II, et ce dernier invita l'ancien jésuite à venir à Cassel, y remplir les fonctions de chambellan, bibliothécaire et directeur des spectacles. Ainsi, le 14 août 1781, célébra-t-il par un discours, dans la loge « Frédéric de l'Amitié », l'anniversaire de son protecteur. A la mort de celui-ci il passa au service du prince Henri de Prusse — deuxième fils de Frédéric — et ne regagna Paris qu'à la fin de 1786. Il devait y mourir le 6 avril 1792.

Quelles raisons poussèrent donc cet esprit « éclairé » à dénoncer les menées subversives des Illuminés de Bavière, à l'égal d'un défenseur du Trône et de l'Autel ? Inquiet de l'influence des Rose-Croix berlinois sur Henri de Prusse, il voulait, en bon « ami des Lumières » — et se réclamant du courant « matérialiste » de la subversion — dénoncer les dangers que faisaient courir à la raison les thaumaturges, mystiques et autres alchimistes. Tant il est vrai que le royaume du Prince de ce Monde est une « maison divisée contre elle-même ».

Quoi qu'il en soit, le marquis écrivait, à propos de la réception d'un nouvel Illuminé : « Les tableaux sont effrayants, les principes sont pervers, les conséquences sont terribles, et c'est pourquoi nous avons écrit. S'il est dangereux de parler, il serait perfide de se taire. » Il rapportait entre autres qu'on demandait au néophyte de briser les liens qui l'unissaient à sa famille et à ses amis, ainsi qu'aux rois et à « tout Être quelconque à qui vous aurez promis foi, obéissance, gratitude ou service. (...)

« De ce moment vous êtes affranchi du prétendu serment fait à la Patrie et aux Lois ; jurez de révéler au nouveau Chef que vous reconnaissez, ce que vous aurez vu ou fait, pris, lu ou entendu, appris ou deviné, et même de rechercher, épier ce qui ne s'offrirait pas à vos yeux.

« Honorez et respectez l'Aqua Toffana*, comme un moyen sûr, prompt et nécessaire de purger le globe par la mort ou par l'hébétation de ceux qui cherchent à avilir la vérité ou à l'arracher de nos mains.

« Fuyez l'Espagne, fuyez Naples, fuyez toute terre maudite. Fuyez enfin la tentation de révéler ce que vous entendez ; car le tonnerre n'est pas plus prompt que le couteau qui vous atteindra en quelque lieu que vous soyez. »

Louis Blanc, dans son *Histoire de la Révolution,* plaçait Weishaupt et ses Illuminés parmi les « révolutionnaires »

---

* Poison composé d'une solution concentrée d'arsenic.

à côté précisément de Cagliostro et de Saint-Germain. Il ajoutait que « Spartacus », profitant de l'engouement des Allemands pour les pratiques occultes, avait demandé à celles-ci la puissance et l'efficacité, devenant ainsi « un des plus profonds conspirateurs qui aient jamais existé ».

Quant à George Sand, elle devait exalter — dans un de ses romans socialisants, *La Comtesse de Rudolstadt* — le personnage de Weishaupt, qui était allé chercher sa mission auprès d'un représentant de la Société des Invisibles, le mystérieux frère Trismégiste : « un précieux gardien du feu sacré et des saines traditions de l'Illuminisme antérieur, un adepte de l'antique secret, un docteur de l'interprétation nouvelle ». Il avait encouragé Weishaupt en ces termes : « Organise pour détruire (...) Qu'une société secrète se forme à ta voix pour détruire la forme actuelle de la grande iniquité ! » Et dans un transport prophétique il l'exhortait : « Cours en France, Spartacus (...), la France va bientôt tout détruire. Elle a besoin de toi. Cours, te dis-je, hâte-toi, si tu veux prendre part à l'œuvre. C'est la France qui est la prédestinée des nations. Joins-toi mon fils aux aînés de l'espèce humaine. J'entends retentir sur la France cette voix d'Isaïe : "Lève-toi, sois Illuminée, car ta lumière est venue et la gloire de l'Éternel est descendue sur toi et les nations marcheront à ta lumière". »

On conçoit que dans un contexte aussi propice à ses ambitions, et que le romantisme échevelé de George Sand ne trahissait même pas, le baron de Knigge — grand amateur de mystères au contraire de son F∴ Luchet... — se soit bientôt distingué par son activité. Sur le plan intérieur, il révisa les rituels, empruntant beaucoup à la Franc-Maçonnerie. Tout Illuminé « de base » était tenu d'entrer dans une loge maçonnique soumise à la direction de l'Ordre ou dans laquelle il exerçait une influence prépondérante.

Les enseignements dispensés attestaient une singulière duplicité : aux maçons récemment entrés dans l'Ordre des Illuminés, on donnait de quoi satisfaire leurs goûts par une doctrine qui rappelait celle d'autres systèmes maçonniques, tel celui des Élus Coens de Martinès de Pasqually : l'homme, à l'origine roi de la Création, image de la Divinité, avait chu dans la matière (c'était la « prévarication » de Martinès). La tâche qui lui était dès lors assignée était la reconquête de ses facultés et de sa dignité première. Le tout étant épicé par l'habituel salmigondis où se mêlent gnostiques, manichéens et chrétiens primitifs (ou supposés tels).

Mais aux degrés supérieurs de l'Ordre, où il s'agissait de passer de la théorie à la pratique, on insistait sur le fait que les malheurs de l'homme primitif étaient nés avec la propriété privée et la vie commune, amenant la création de l'État et l'invention de la religion par « les plus rusés », qui « se firent passer pour des êtres surnaturels et des envoyés de Dieu, afin de donner de l'autorité à leurs ordres et de diriger leurs dupes suivant leur bon plaisir et leurs intérêts, et c'est ainsi que la théocratie fut introduite parmi les hommes ». L'égalité et la liberté devaient s'obtenir par l'accession de l'humanité à l'âge adulte. Comme bien l'on pense, cette émancipation — les lumières répandues à profusion rendant inutiles princes et États — devait avoir lieu grâce aux sociétés secrètes. Barruel, dans ses *Mémoires pour servir à l'histoire du Jacobinisme* (Diffusion de la Pensée Française), a parfaitement discerné la manœuvre : « Qu'on se rappelle encore qu'un des derniers mystères de la secte consiste à dévoiler aux adeptes que toutes les religions ne sont que l'invention de l'imposture ; et il sera facile d'accorder ces deux projets de la Secte ; l'un de donner au plus tôt au monde une religion forgée par les Mages, et l'autre de détruire toute religion. Ces deux projets ne doivent s'exécuter que successivement. »

Au terme de ce long chemin de la subversion spirituelle et temporelle : le Millenium, c'est-à-dire le règne éternel de la « Vérité » et de la « Liberté ». Pourquoi en parler, nous y sommes... ou presque. Tel était l'enseignement des Illuminés de Bavière. Il ne pouvait que satisfaire Cagliostro comme il avait séduit Knigge.

A Francfort donc, ainsi qu'il le confirmera devant le saint office, le Grand Cophte avait été conduit par deux Illuminés, sous prétexte de prendre le café, dans une maison de campagne à une lieue de la ville. Là, on l'avait mené dans une grotte artificielle, puis dans un caveau souterrain au milieu duquel se trouvait une table. Sur celle-ci : un coffre ouvert. Les Illuminés en sortirent un manuscrit ayant l'apparence d'un missel et qui commençait par : « Nous, Grands Maîtres des Templiers ». Puis venait une formule de serment par laquelle on jurait de supprimer tous les despotes. Cette formule écrite avec du sang était signée de douze noms, en tête desquels venait celui de... Cagliostro. Ainsi ce dernier apprit-il qu'il était un des douze maîtres des Illuminés ! Il est fort à croire que les susdits Illuminés, renseignés par des émissaires nombreux et perspicaces, avaient déjà compris tout le parti qu'ils pourraient tirer de Cagliostro, et qu'ils lui avaient un peu forcé la main par cette mise en scène bien dans leur style, et propre à flatter la vanité du Grand Cophte. A moins encore que le « démon » qui habitait Joseph Balsamo n'eût déjà signé pour lui !

Plus sérieux, le programme contenu dans le mystérieux

manuscrit, et qui, toujours au témoignage de Cagliostro, visait tout d'abord à déstabiliser la France, comme on dirait aujourd'hui, avant de s'attaquer à l'Italie et surtout à Rome. L'immense trésor de guerre, réparti dans les banques d'Amsterdam, Rotterdam, Londres, Gênes et Venise, était constitué pour l'essentiel par les cotisations annuelles de 180 000 francs-maçons taxés à 5 louis d'or par tête, et de 20 000 loges situées en Europe et en Amérique, chacune envoyant à la Saint-Jean, 25 louis d'or au trésor central. Chiffres résolument fantaisistes destinés à masquer les sources réelles de financement ? Cagliostro, pour sa part, avait reçu 600 louis d'or avec promesse d'autres subsides, et ses nouveaux frères en Illuminisme l'avaient raccompagné à Francfort.

Ces deux émissaires des Illuminés de Bavière, selon Engels (cf. *Geschichte des Illuminaten-Ordens,* Berlin, 1906), étaient très vraisemblablement le baron Adolphe de Knigge — dont nous avons fait plus haut la connaissance — et le baron Pierre de Lehonardi — un alchimiste de ses amis. Dans le château de Gross-Korber qu'habitait ce dernier, non loin de Francfort, on pouvait voir un temple champêtre abritant une table de pierre, et René Le Forestier (*Les Illuminés de Bavière,* éd. Slatkine-Megariotis, Genève, 1974), rapporte en 1914 qu'une tradition orale présentait ce temple comme l'endroit où Cagliostro avait été initié par les chefs de l'Ordre.

Le lendemain de cette seconde initiation, ce dernier partait pour Strasbourg, où il avait mission de circonvenir le cardinal de Rohan, levier désigné pour faire basculer l'édifice, attaqué de toutes parts, de la société française.

III

La Dupe

Louis-René-Édouard, prince de Rohan-Guéménée, était né à Paris le 25 juillet 1734. Sa famille revendiquait une origine royale, contestée de nos jours ; elle prétendait en effet descendre des ducs souverains de Bretagne, au titre de branche latérale, ainsi qu'en témoignait implicitement son orgueilleuse devise : « Roi ne puis, duc ne daigne, Rohan suis. » Comme le rappelle Jacques de Boistel dans *Un faux mystère, l'affaire du Collier* (éd. du Trident, 1986), plusieurs Rohan furent protestants, tel Henri de Rohan qui, après la mort d'Henri IV, prit la tête du parti huguenot en lutte contre Louis XIII, et faillit mener les réformés à la victoire. En 1672, un autre Rohan, grand veneur puis colonel des Gardes, fit partie d'une conjuration qui avait pour dessein d'enlever Louis XIV et le dauphin, et de proclamer la République.

Ainsi lesté d'une lourde hérédité antiroyale, le prince Louis se montra dès l'abord irréligieux et libertin, ce qui n'était guère original pour un personnage de son rang, au siècle des Lumières. Mais selon les lois du genre, il était également fort crédule, puisque chez cet « animal religieux » qu'est l'homme, la perte de la vraie doctrine s'accompagne inévitablement de l'efflorescence aberrante d'ersatz de spiritualité, voire de pratiques magiques et superstitieuses. Le cardinal de Rohan, en sa qualité d'esprit fort, était donc le plus influençable des hommes, et une proie de choix pour un aventurier de l'occulte tel que Cagliostro. Il faut avouer que celui-ci ne s'y prit point mal en exacerbant par sa froideur, pour ne pas dire son insolence, la curiosité du cardinal. Il avait répondu en effet, au baron de Mullenheim, le grand veneur dépêché par Rohan : « Si Monsieur le Cardinal est malade, qu'il vienne et je le guérirai. S'il se porte bien, il n'a pas besoin de moi, ni moi de lui. » Nonobstant son rang et son orgueil, le prince de l'Église passa sous les fourches caudines du Grand Cophte : prétextant humblement une crise d'asthme, il fut enfin admis dans le sanctuaire de celui qui piquait si fort sa curiosité, et immédiatement subjugué. En font foi les *Mémoires* de l'abbé Georgel, le vicaire général de Rohan :

« (...) il vit, comme il l'a raconté depuis, *sur la physionomie de cet homme si peu communicatif* [c'est nous qui soulignons], une dignité si imposante qu'il se sentit pénétré d'un religieux saisissement, et que le respect commanda ses premières paroles. Cet entretien qui fut assez court excita plus vivement que jamais le désir d'une connaissance plus particulière. Il y parvint enfin ; et le rusé empirique gradua si bien sa conduite et ses propos qu'il parvint lui-même, sans avoir l'air de le chercher, à la plus intime confiance du cardinal, et au plus grand ascendant sur sa volonté. "Votre âme, dit-il un jour à ce prince, est digne de la mienne, et vous méritez d'être le confident de tous mes secrets." Cet aveu captiva toutes les facultés intellectuelles d'un homme qui, de tout temps, avait couru après les secrets de la haute chimie et de la botanique. » (Cité par Frances Mossiker, *Le Collier de la Reine,* éd. Julliard, 1963.)

Et nous voici dès l'abord en possession d'une preuve manifeste de la duplicité de Cagliostro. Même si ce brave abbé Georgel, fidèle jusqu'au bout au cardinal, pouvait être suspecté d'*a priori* vis-à-vis du Grand Cophte, Rohan, en évoquant le hiératisme de « cet homme si peu communicatif », lui ôte bien involontairement son masque. Car — et là-dessus tous sont d'accord, partisans comme adversaires — Cagliostro était l'image même de l'exubérance, de l'expansivité méditerranéenne... Quand, bien sûr, il ne *jouait* pas au hiérophante pour impressionner ses dupes ! Dans l'intimité, il était beaucoup plus... détendu. Écoutons un témoin direct, Beugnot, dont nous aurons d'ailleurs à reparler :

« (...) Lorsqu'il entamait un sujet, il semblait transporté et le prenait de haut du geste et de la voix. Mais, tout à coup, il en descendait pour faire à la maîtresse du logis des compliments fort tendres et des gentillesses comiques : il l'appelait sa biche, sa gazelle, sa cygne *(sic),* sa colombe, empruntant ainsi ces appellations à ce qu'il y a de plus aimable dans le règne animal. Le même manège dura pendant tout le souper. Je n'en recueillis autre chose, sinon que le héros avait parlé du ciel, des astres, du grand arcane, de Memphis, de l'hiérophante, de chimie transcendante, de géants, d'animaux immenses, d'une ville dans l'intérieur de l'Afrique, dix fois plus grande que Paris, où il avait des correspondants ; de l'ignorance où nous étions de toutes ces belles choses qu'il savait sur le bout du doigt... » (*Mémoires,* Paris, 1889.)

Un pasteur, Christian Gottlieb Schmidt, qui fut un soir son commensal à Neuchâtel, chez le banquier Sarrasin, est du même avis. Il rapporte en effet dans son *Reise*

Journal eines sächsischen Geistlicher (« Journal d'un ecclésiastique saxon ») que Cagliostro « fait trop de bouffonneries, de plaisanteries ; il manque de gravité ». Et pour n'être point accusé de partialité, nous donnerons, afin de parachever ce portrait en pied du héros, la parole à Marc Haven*, dont l'obstination à défendre le Grand Cophte, contre toute raison et contre l'évidence des faits, ne laisse pas d'être touchante, et eût mérité sans doute d'être mise au service d'une plus noble cause :

« Le comte de Cagliostro, tel qu'on le connut en Europe de 1777 à 1787, était un homme de taille peu élevée, plutôt au-dessous de la moyenne, aux épaules carrées, à la poitrine large et bombée, donnant l'impression de vigueur et de santé ; la tête puissante était couverte de cheveux noirs ondulés, flottants et rejetés en arrière ; il la portait droite, souvent même un peu renversée, ce qui laissait voir les lignes d'un cou rond, musclé, remarquablement gracieux. Contrastant avec l'ampleur de la poitrine, les mains et les pieds étaient petits, les attaches fines. Un embonpoint naissant, qui s'accentua seulement dans les dernières années de sa vie, ne lui enlevait rien de sa vivacité ; sa démarche était alerte, voltigeante (...). Lorsqu'il parlait avec chaleur de quelque sujet élevé, ses pupilles se dilataient, sa paupière s'élevait sous sa haute arcade sourcilière en même temps que sa voix augmentait de force ; ses gestes s'accentuaient : il marchait, secouant sa chevelure comme une crinière ; tout son corps vibrait à l'unisson de sa pensée. »

Voilà le personnage — si peu communicatif... — qui avait fasciné le cardinal de Rohan ! Mieux (ou pire) : qui

* De son vrai nom Emmanuel Lalande, il appartint à l'Ordre du Temple Rénové de René Guénon, dont nous parlerons plus loin.

était devenu son maître spirituel, son gourou, dirait-on aujourd'hui. De cette rencontre programmée par la Puissance des Ténèbres allait naître un scandale où Goethe vit un « intersigne » annonçant la fin de la Monarchie. Quel fut le *deus ex machina* de ce « mystère d'iniquité », selon le propre mot de l'abbé Georgel ? Mais Cagliostro, bien sûr, aidé pour l'essentiel de deux acolytes : la comtesse Jeanne de La Motte-Valois et Marc-Antoine Rétaux de Villette, secrétaire et amant de cette dernière.

Comme l'opinion la plus généralement admise — mais non la plus éclairée — tend à innocenter Cagliostro dans l'Affaire du Collier de la Reine, il convient d'argumenter notre « accusation », et de suivre à la trace les protagonistes, dont les chemins se recoupent étrangement pour déboucher, *in fine,* sur la ruine du Trône et de l'Autel.

Honneur aux dames : Jeanne de Saint-Rémy, future comtesse de La Motte-Valois, descendait d'Henri de Saint-Rémy, bâtard reconnu d'Henri II. Fille d'un père ivrogne et d'une mère débauchée, elle connut une enfance difficile à Fontette, dans l'Aube, en compagnie de son frère aîné Jacques et de deux sœurs. Jusqu'au jour où la famille, à l'exception d'une des filles, décida de gagner Paris à pied... Après diverses péripéties assez sordides qui se terminèrent par la mort du père à l'Hôtel-Dieu et l'abandon de la mère, la marquise de Boulainvilliers voulut bien s'intéresser au sort des trois enfants, réduits à la mendicité. Mieux, elle les recueillit en son château de Passy et pourvut aux frais de leur entretien et de leur éducation pendant six longues années. Marguerite, la cadette, mourut de la petite vérole. Jacques, protégé par l'homme le plus riche de France, le duc de Penthièvre, que nous retrouverons, fut gratifié par

Necker de 4 000 livres et d'un brevet d'enseigne de vaisseau. Quant à Jeanne, après avoir tâté de la couture, elle échoua avec sa plus jeune sœur au couvent de Longchamp après que le marquis de Boulainvilliers — dont elle avait dû repousser les avances... — eut été exilé avec sa famille sur ses terres de Montgeron pour avoir distillé frauduleusement des liqueurs dans le souterrain de son château !

Jeanne, on s'en doute déjà, n'avait pas la vocation, et, en compagnie de sa sœur, elle échappa à la surveillance des religieuses et gagna Bar-sur-Aube, pays de ses ancêtres, avec l'espoir de récupérer un peu des biens dilapidés par son père et de « recouvrer le rang et la position des Valois ». C'est là qu'elle rencontra l'avantageux Beugnot, fils du notaire, apprenti avocat et phare de la « jeune société libérale » de la ville. Cet amant et fidèle conseiller de Jeanne nous en a laissé ce portrait plutôt flatteur : « Taille médiocre, mais svelte et bien prise ; elle avait des yeux bleus pleins d'expression, sous des sourcils noirs bien arqués ; le visage un peu allongé, la bouche grande mais admirablement garnie ; et ce qui est le propre de ce genre, son sourire était enchanteur. Elle avait la main belle, le pied très petit. Son teint était d'une fraîcheur remarquable. Par un singulier caprice, la nature, en formant sa gorge, s'était arrêtée à la moitié de l'ouvrage, et cette moitié faisait regretter l'autre. »

Toutefois, ce ne fut pas Beugnot que Jeanne épousa, mais le neveu du prévôt chez qui nos « évadées » avaient été provisoirement hébergées, et dont elle était devenue la maîtresse : Nicolas La Motte, « Momotte » pour ses camarades, un gros gendarme un peu benêt qui jouera plus tard les maris complaisants, et dont le futur titre de comte serait dû à une erreur (qu'il se garda de rectifier) figurant sur le brevet que lui fera donner... le cardinal de Rohan. Et sur quelle recommandation ? Sur celle de la marquise de Boulainvilliers, qui continuait de veiller sur sa protégée. Tout ceci mérite explication !

De fait, c'est le prologue d'une pièce étonnante qui se joue en septembre 1781. Le destin (?) avait bien fait les choses : « Momotte », mécontent qu'on lui eût refusé une permission, avait, sur un coup de tête, démissionné de la gendarmerie, à Lunéville où il était en garnison. Et en cette fâcheuse occurrence, c'est encore à la marquise de Boulainvilliers que le couple avait eu recours. Il se trouva justement qu'elle était venue à la « cour » du cardinal de Rohan à Saverne, pour consulter... son ami Cagliostro, qui depuis un an déjà était l'hôte du prélat. Ainsi, tout le monde fit connaissance.

La comtesse de La Motte et Cagliostro allaient bien vite sympathiser, contrairement à ce que certains ont écrit et à ce que les protagonistes laissèrent croire quand l'affaire sembla mal tourner. (Il est d'ailleurs exact que Jeanne, après avoir joué son rôle, fut sacrifiée par Cagliostro.) Mais l'important, pour le prodigieux « montage » en cours, c'était bien sûr la rencontre de Jeanne de La Motte et de Rohan. Rétrospectivement, le naïf cardinal, selon Frances Mossiker *(op. cit.),* se considérerait « comme l'innocente victime d'un sort contraire et malintentionné, qui avait tout arrangé pour qu'il se trouvât en voiture "un jour de septembre 1783*", sur la grand-route de Saverne à Strasbourg au moment où le carrosse de madame de Boulainvilliers prenait un virage. »

---

* Il s'agit manifestement d'un lapsus, et c'est 1781 qu'il faut lire, puisque Mme de Boulainvilliers mourut à la fin de cette année 1781.

Autant dire qu'on l'attendait au tournant ! Car l'imprudent et crédule prélat eût bien dû deviner que ce "sort"-là, on l'avait un peu aidé. En l'occurrence la marquise de Boulainvilliers qui, après avoir fait arrêter, lui présenta Jeanne, qu'elle ne craignait pas d'appeler « Mlle de Valois ». « Madame a légitimement droit à ce nom, m'expliqua la Marquise, bien que malheureusement il lui manque la fortune qui devrait accompagner ce glorieux titre. »

Cette étonnante sollicitude, confessons-le sans plus attendre, ne nous paraît pas sans rapport avec les quelques faits suivants : le marquis de Boulainvilliers, celui-là même qui s'était intéressé... de si près à Jeanne, était le petit-fils du grand financier Samuel Bernard. Comme l'écrit E. de Clermont-Tonnerre *(Histoire de Samuel Bernard et de ses enfants),* notre marquis fut « franc-maçon de la secte de la Stricte Observance et de la Loge des "Amis Réunis", il goûtait également l'empirique Cagliostro. Il le reçut à Passy où les gens du bel air affluèrent entre l'acquittement et l'exil [du Grand Cophte]. » Ajoutons avec Jacques de Boistel *(op. cit.)* que le centre maçonnique de Passy s'honora encore des séjours du F.·.Helvétius et du F.·.Benjamin Franklin, qui y résida pendant la majeure partie des sept années qu'il passa en France. Mais après cet aperçu du milieu dans lequel avait été formée Jeanne de La Motte-Valois, revenons à notre héroïne et à son époux.

Dotés de quelque argent et de papiers en règle par le cardinal de Rohan, ému par le récit de la marquise, et qui ignorait encore quelles vipères il commençait de réchauffer en son sein, les La Motte purent s'installer à Paris, dans un petit hôtel du Marais, au 13 de la rue Neuve-Saint-Gilles. Excipant de son titre de comtesse et de la protection du cardinal de Rohan, Jeanne de La Motte-Valois tint salon, entourée d'une cour de francs-maçons, de gentilshommes de contrebande et de grandes dames dont il eût été imprudent d'« épousseter les blasons »... Mais surtout, on rencontrera chez elle, à l'automne 1784, le très assidu Marc-Antoine Rétaux de Villette, grand favori de la maîtresse de maison... et agent de Cagliostro — bien que ce dernier ait prétendu ne point l'avoir connu avant 1786 ! Mensonge aussi éhonté que significatif puisque Rétaux de Villette figure à Lyon, en 1784, sur la liste des membres de « La Sagesse Triomphante », la loge égyptienne fondée par le Grand Cophte. De surcroît, comme le rappelle Mme Alice Joly (*Un mystique lyonnais et les secrets de la Franc-Maçonnerie,* Protat, 1938) : « Cagliostro avait [à Lyon] non seulement soutiré à ses admirateurs des sommes d'argent pour le temple des Brotteaux, mais des cadeaux de soieries pour sa femme ; il avait vendu pour de fortes sommes des secrets sans valeur au fils de Rétaux de Villette, contrôleur des octrois. »

D'ailleurs, Rétaux, lui aussi, ment effrontément pour dissimuler l'inspiration et la nature véritable de sa « mission ». Ainsi, il prétend être arrivé à Paris en janvier 1784 alors que Funck-Brentano et Ribadeau-Dumas datent sa venue de l'automne 1784. Ils ont évidemment raison, comme l'attestent les archives de « La Sagesse Triomphante » évoquées à l'instant. Pourquoi ce mensonge de Rétaux, s'ajoutant à celui de Cagliostro qui assure ne pas le connaître à cette époque ? Tout simplement parce que ce dernier n'arrive à Lyon que le 20 octobre 1784, pour y « actionner » Rétaux, précisément, comme le révèle avec une insigne naïveté l'hagiographe Marc Haven lui-même, qui vend la mèche sans le vouloir. Car la rencontre de Cagliostro et de Rétaux devait bien sûr rester secrète. Cela dit, l'« approche » de ce dernier est des plus classiques : circulant entre Paris et Versailles, selon Beugnot, « sans qu'on pût définir ses moyens d'existence », il descend d'abord rue du Petit-Carreau, puis, en décembre, rue Saint-Louis, au Marais, à proximité de l'hôtel de Jeanne de La Motte. On pourra légitimement se demander pourquoi c'est Rétaux et non un autre qui avait été choisi par Cagliostro pour « accompagner » et inspirer Mme de La Motte. Tout d'abord, il connaissait déjà le couple, rencontré à Lunéville où il était lui aussi en garnison. D'autre part, il était séduisant et « d'un tempérament ardent », donc bien propre — et l'avenir montrera la justesse du choix — à tenir auprès de la comtesse le rôle qu'on lui destinait. Enfin, *last but not least,* c'était un excellent faussaire (Cagliostro, on l'a vu, s'y connaissait !), dont on trouverait bientôt à employer les talents.

Résumons donc une situation finalement moins embrouillée qu'elle pourrait le paraître à un regard superficiel : Mme de La Motte, éduquée au sein de la famille de Boulainvilliers — très liée à la Maçonnerie en général et à Cagliostro en particulier — est « présentée » par sa bienfaitrice au cardinal de Rohan, et se trouve de surcroît nantie d'un secrétaire-amant membre du Rite Égyptien de Cagliostro, et lui-même envoûté par le Grand Cophte au point de débourser de fortes sommes pour des amuse-gogos. Les acteurs sont en place, la pièce peut commencer. Mais sans Mme de Boulainvilliers. Quelques semaines après avoir « amorcé » le cardinal, celle-ci allait être brutalement retirée de la partie : la petite vérole l'emporta, au grand désespoir de sa protégée qui recueillit son dernier soupir. Orpheline pour la seconde fois, la comtesse de La Motte sollicita tout naturellement la protection du grand aumônier de France, dont elle venait si opportunément — si providentiellement... — de faire la connaissance, et qui de son côté n'était pas resté insensible au charme de la jeune femme. Rétaux de Villette, témoin attentif (depuis leur rencontre à Lunéville) tout autant qu'acteur intéressé à la bonne marche des affaires — ou plutôt de l'Affaire — en écrit ainsi dans ses *Mémoires historiques des intrigues de la Cour* (Venise, 1790) :

« (...) Madame de La Motte se présenta, un jour, chez cette éminence [Rohan] ; elle débuta par donner des regrets et des larmes à la mémoire de sa protectrice, Madame de Boulainvilliers ; elle passa ensuite à l'état de sa position actuelle, ainsi qu'à celle de sa sœur, à toute l'infortune qui les poursuivait ; enfin, elle mit en usage tout ce qui peut émouvoir, attendrir et intéresser une âme susceptible de vives impressions. Le cardinal, très agité, se plaignit de ce qu'elle avait négligé de recourir plus tôt à lui ; il tira une bourse remplie d'or, la remit à Madame de La Motte, en l'engageant vivement à venir le revoir ; il lui promit encore de saisir la première occasion d'améliorer sa position, mais qu'alors il était indispensable qu'il eût toute sa confiance, qu'il était tout simple, qu'avec son nom et tant de charmes... Il ne put en dire davantage : un mouvement de surprise que témoigna, en se levant, Madame de La Motte, arrêta le cardinal, qui la salua, en balbutiant quelques mots d'usage ; Madame de La Motte sortit. Elle avait observé l'impression qu'elle avait produite sur le cardinal, et combien cette éminence avait été troublée en la quittant. Rentrée chez elle, avec son or, elle me fit part de ses remarques sur le cardinal ; et il fut convenu qu'un amant de la sorte n'était pas à négliger. »

Le gros poisson était bel et bien ferré. Cagliostro, dans la coulisse, pouvait être satisfait : l'intrigue se nouait selon le scénario prévu. Un autre personnage, un grand seigneur, était également heureux que la chance tournât en faveur de la comtesse de La Motte : le duc de Penthièvre, grand amiral de France ; celui-là même, rappelons-nous, qui avait déjà aidé le frère de Jeanne. Beau-père du duc de Chartres, le futur Philippe Égalité, il recevait Mme de La Motte avec les honneurs réservés aux princesses du sang. Enfin, il était très lié — comme l'on se retrouve — avec Cagliostro et le F∴ Seiffert, médecin de sa belle-fille la princesse de Lamballe, et en rapport avec les Illuminés de Bavière.

On apprendra aussi avec intérêt qu'à la veille de la Révolution, le duc de Penthièvre devint propriétaire du célèbre domaine de Chanteloup, près d'Amboise, et de la si curieuse « pagode » — édifiée en 1770 — qui a suscité les commentaires des ésotéristes. Elle est en effet remarquable par l'insistance de son constructeur, l'architecte initié Le Camus de Mézières, à mettre en valeur le nombre 7 : comportant 7 étages, elle se mire dans un étang de 7 hectares et vers elle convergent 7 allées. Coïncidence ? Toujours est-il que ce nombre revêt une grande importance dans la Maçonnerie égyptienne de Cagliostro. Et Serge Hutin écrit dans *Gouvernants invisibles et sociétés secrètes* (éd. J'ai lu, 1971) : « La "Pagode" n'aurait-elle pu constituer en fait un édifice initiatique, le candidat devant faire l'ascension des sept étages successifs avant de pouvoir contempler la boule du sommet ? » Et encore : « A la fin du XVIIIe siècle était couramment répandue dans les milieux maçonniques l'idée qu'il y avait dans le monde des initiés supérieurs qui supervisaient, à l'insu des membres des degrés subalternes et même des degrés moyens de l'Ordre, toute l'activité des Loges à travers le monde. On pourrait précisément placer dans le domaine de Chanteloup l'un des centres de cette haute hiérarchie secrète. Le château de Chanteloup et sa gracieuse pagode auraient ainsi constitué, avec un style et des dispositions assurément différents, l'équivalent du "château du Maître du Monde" construit pour Frédéric II de Hohenstaufen dans la partie la moins fréquentée des Apennins. » Enfin, S. Hutin envisage la possibilité que des souterrains, sous la pagode, aient pu servir à des initiations — conformément, ajouterons-nous, au symbolisme de la Société Angélique, entre autres.

Curieusement (?), le duc de Penthièvre traversa la tourmente révolutionnaire, jusqu'à sa mort en 1793, non seulement sans être inquiété, mais encore en accomplissant « toutes les fonctions que la Révolution lui offrit. Plusieurs localités le nommèrent commandant en chef de la Garde Nationale. » (Honoré Bonhomme, *le Duc de Penthièvre*, Paris, 1869.) C'est encore lui qui, en 1785, en pleine Affaire du Collier, conseilla à Louis XVI de faire enfermer la reine Marie-Antoinette au Val-de-Grâce... Comment en était-on arrivé là ?

IV

Le bosquet de Vénus

C'est le prince Louis de Rohan, alors évêque coadjuteur de Strasbourg et représentant officiel de l'Église de France, qui avait accueilli Marie-Antoinette le 7 mai 1770, lors de son arrivée dans notre pays pour ses noces avec le dauphin Louis-Auguste. Sur les marches de la cathédrale, le regard bleu que l'évêque libertin posa sur la dauphine laissait transparaître une expression « qui indiquait clairement qu'en elle c'était aussi la femme désirable qu'il voyait ». (Frances Mossiker, *op. cit.*) Toutefois, Rohan ajoutait à ses nombreux défauts une noire hypocrisie, si l'on en juge d'après son attitude ultérieure à l'égard de Marie-Antoinette.

Il se fit en effet qu'à quelque temps de là, « la Belle Éminence » fut nommée ambassadeur de France en Autriche. Et sa première occupation consista à rapporter par le menu à l'impératrice Marie-Thérèse les frasques supposées de sa fille, dont le caractère primesautier et l'étourderie avaient quelque peu scandalisé les douairières de la Cour. Plus sérieusement, il existait un puissant parti hostile à l'alliance autrichienne, composé pour l'essentiel des trois filles de Louis XV (les « tantes »), du clan de la Du Barry avec à sa tête le chancelier de Maupeou, et... de la famille de Rohan. Marie-Antoinette, surprise que d'innocentes fredaines parvinssent jusqu'à Vienne, découvrit bientôt quel était l'indiscret. Comme l'écrit Mme Campan, « Marie-Antoinette ne pouvait plus avoir de doutes sur la source de ces calomnies, et c'est de ce moment que dataient l'antipathie et la froideur qu'elle manifesta toujours depuis lors au Prince de Rohan ».

Juste retour des choses, la faveur dont jouissait ce dernier auprès de l'impératrice n'allait pas résister à la « contre-enquête » que Marie-Thérèse confia au baron Neni. Celui-ci, après un séjour à la Cour de Versailles, conclut en effet que les reproches adressés à la dauphine relevaient de la calomnie et « qu'il s'agissait de diffamation caractérisée provenant d'une faction hostile ». Sur quoi Marie-Thérèse demanda au ministre des Affaires étrangères le rappel de Rohan, sans obtenir autre chose que d'évasives réponses qui attestaient surtout que le clan Rohan s'était mobilisé pour « protéger la plus belle fleur de la famille », comme l'écrit plaisamment Frances Mossiker. L'impératrice en fut d'autant plus dépitée que ce mauvais sujet de Rohan était en train de mettre sens dessus dessous la Cour et la société viennoises par son luxe ostentatoire et, il faut bien en convenir, son charme et ses innovations « à la française » qui, en bouleversant une étiquette rigide, réjouissaient fort la noblesse autrichienne. Aussi Marie-Thérèse, ne voulant pas « présenter de plaintes officielles par les voies régulières », demanda à sa fille d'user de son influence sur le dauphin et le roi pour faire rappeler ce « répréhensible représentant ». Mais cette influence était nulle et il fallut attendre la mort de Louis XV, en mai 1774, le remaniement du cabinet et l'exil — temporaire et confortable — de la Du

Barry, pour que Marie-Antoinette pût enfin débarrasser sa mère de Rohan, « tous les jours plus indiscret, plus insolent, plus insupportable »... Il lui fut même interdit, alors, de retourner à Vienne pour y faire ses adieux, et il dut se contenter d'envoyer à ses nombreux admirateurs son portrait miniature sur disque d'ivoire, que l'on s'empressa de faire monter sur des bagues serties de pierres précieuses — à commencer par le chancelier von Kaunitz lui-même.

Rohan, toutefois, reçut une belle compensation : la charge très enviable de grand aumônier de France, qui lui donnait la haute main sur la répartition des aumônes du roi, des fonds charitables nationaux et autres pensions et donations. La grande aumônerie avait été sollicitée pour lui auprès de Louis XV par sa cousine la comtesse de Marsan qui, de fait, disposait d'un écrit royal qu'elle présenta à Louis XVI, dès lors tenu d'honorer la solennelle promesse de son grand-père lorsque le titulaire, le cardinal de La Rocheaymon, vint à mourir. Et ce malgré l'opposition de la reine, qui peignit Rohan à son époux sous le jour le plus défavorable.

A cette haute dignité s'ajouta celle de proviseur de la Sorbonne. Mais cette ascension vers les sommets de la fortune et de la gloire fut brisée net par un incendie qui réduisit en cendres « le palais et tout le mobilier de sa magnifique résidence de Saverne », ainsi que l'écrit dans ses *Mémoires* le bras droit du cardinal, le très fidèle abbé Georgel, qui brosse un sombre tableau : « Cet accident le réduisit aux plus fâcheuses extrémités : outre une immense habitation, il perdait un mobilier très considérable ; son traitement annuel sur les économats, allait cesser ; dès lors l'évêché de Strasbourg et deux abbayes dont le revenu net pouvait se monter à cent mille livres, n'étaient plus suffisants ni pour amortir des dettes exorbitantes contractées pendant l'ambassade de Vienne, ni pour l'entretien convenable de sa maison et la réparation des dommages causés par l'incendie.

« Le cardinal était désormais confiné dans sa province. »

Et cette grave déconvenue financière, Cagliostro et ses mandataires ne l'ignorent pas. Pas plus qu'ils n'ignorent l'ardent désir de ce brillant mondain — pour qui « la province est inadmissible » — de regagner les faveurs de la reine et réaliser son ambition suprême : être Premier ministre. De l'or, beaucoup d'or, et son retour en grâce — voilà les « appâts » dont va se servir Cagliostro.

L'or d'abord (ou le diamant !). Nous l'avons déjà dit : le grand seigneur libertin, cynique et crédule, selon les lois du genre et de l'époque, va faire la plus pitoyable des dupes. A la baronne d'Oberkirch — qui concède à Cagliostro, dans ses *Mémoires,* « une puissance démoniaque » — le cardinal de Rohan montre une grosse pierre qu'il porte à l'auriculaire :

— Eh bien ! c'est lui qui l'a faite, entendez-vous ; il l'a créée avec rien ; je l'ai vu, j'étais là, les yeux fixés sur le creuset, et j'ai assisté à l'opération. Est-ce de la science ? Qu'en pensez-vous, madame la Baronne ? On ne dira pas qu'il me leurre, qu'il m'exploite, le joaillier et le graveur ont estimé le brillant vingt-cinq mille livres. Vous conviendrez au moins que c'est un étrange filou, que celui qui fait de pareils cadeaux.

« Je restai stupéfaite, je l'avoue ; M. de Rohan s'en aperçut et continua, se croyant sûr de sa victoire :

— Ce n'est pas tout, il fait de l'or ; il m'en a composé devant moi pour cinq ou six mille livres, là-haut dans les combles du palais. J'en aurai davantage, j'en aurai beaucoup ; il me rendra le prince le plus riche de l'Europe. Ce ne sont point des rêves, madame, ce sont des preuves. »

Voilà pour l'or ; passons à la reine. Nous venons de mesurer la crédulité de Rohan vis-à-vis de Cagliostro. Pourquoi serait-elle moins grande vis-à-vis de Mme de La Motte, qui remplace le mystérieux prestige du mage par une séduction à laquelle le grand aumônier de France est au moins autant vulnérable.

En tout cas, comme le dira plus tard le conseiller Target, Mme de La Motte a su y faire : « Son nom, ses malheurs, la bienfaisance de la Reine lui avaient, disait-elle, ouvert un accès auprès de sa Personne ; elle en approchait en secret ; honorée des témoignages de sa bonté, elle était près d'en ressentir les effets. (...) En attendant qu'elle recueillît pour elle-même les fruits d'une faveur si honorable, elle allait offrant son crédit ; elle ne désirait que d'être utile aux malheureux ; et ce qui met enfin le comble à tant d'audace, elle osait montrer avec mystère des lettres à son adresse ; elle en faisait remarquer les expressions ; elle commettait des faux, pour accréditer des mensonges. »

Outre que Rohan n'était pas bien difficile à duper, sans doute, dans sa vanité, s'imaginait-il que sous le masque d'une froideur de convenance, brûlait toujours chez la reine le feu qu'il avait cru allumer, quinze ans plus tôt, en l'accueillant dans la cathédrale de Strasbourg. En tout cas, il mordit une fois de plus à l'hameçon : « Savez-vous, comtesse, que ma fortune est entre vos mains... », eut-il l'imprudence de dire à son ancienne protégée, qui avait en somme inversé les rôles ! Ce fut dès lors un jeu pour cette dernière que de faire accroire au prince de l'Église qu'elle était parvenue à s'immiscer dans l'intime familiarité de la reine, et qu'elle avait tant vanté auprès de celle-ci les exceptionnelles qualités du cardinal qu'elle avait réussi peu à peu à dissiper le... malentendu. Elle prétendit même obtenir de la reine la permission, pour Rohan, de présenter un mémoire justificatif ; d'où s'ensuivit une correspondance de plus en plus familière — les « lettres de la reine » devant beaucoup aux talents de faussaire de Rétaux de Villette, l'agent de Cagliostro.

Quant à ce dernier, le « phare » de la petite cour de Rohan, il poussait à la roue. Selon le témoignage de l'abbé Georgel, le Grand Cophte, « toujours consulté, guida les pas du Cardinal dans cette malheureuse affaire (...) au sortir de ses prétendues communications avec l'ange de lumière et l'esprit de ténèbres, il prophétisa au Cardinal que son heureuse correspondance allait le placer au plus haut point de la faveur ; que son influence dans le gouvernement allait devenir prépondérante ; qu'il en userait pour la propagation des bons principes, pour la plus grande gloire de l'Être Suprême et le bonheur des Français ».

Toutefois, le cardinal s'étonnait et s'affligeait du contraste entre le ton chaleureux des lettres de la reine et la persistante froideur qu'elle lui marquait en public. Sentant le danger d'une situation qui risquait — et pour cause — de se prolonger, Jeanne de La Motte inventa une machination encore plus audacieuse que toutes celles auxquelles elle s'était livrée jusque-là : aidée de Rétaux de Villette, lui-même inspiré par Cagliostro, elle persuada Rohan que la reine ne pouvait encore lui ouvrir son cœur en public, mais qu'elle lui donnerait certaine nuit, dans les jardins de Versailles, entre vingt-trois heures et minuit, des marques de son estime. Les conspirateurs choisirent le bosquet de Vénus, l'endroit préféré de la reine, dans l'ombre des Cent Marches, où elle avait accoutumé, l'été 1784, de venir prendre le frais, à la nuit tombée. Restait à trouver le personnage qui jouerait le rôle de Marie-Antoinette dans cette mascarade manifestement inspirée de la célèbre scène du *Mariage de Figaro* de Beaumarchais, où la comtesse, qui a pris le déguisement de Suzanne, sa suivante, rencontre son mari à minuit dans les jardins du château.

Voici la version « officielle » du recrutement de l'héroïne : en se promenant au Palais-Royal, l'endroit à la mode, la comtesse de La Motte remarqua une belle fille du nom de Nicole Leguay (future « baronne d'Oliva », qui n'était autre que l'anagramme de Valois), dont le profil ressemblait à celui de la reine, et qui faisait commerce de ses charmes. (Après tout, une autre prostituée incarnerait bien la « Déesse Raison », à Notre-Dame, quelques années plus tard.) Il ne fut pas difficile, moyennant une bonne récompense, de la convaincre d'accepter le rôle, qui était au demeurant fort simple. Jeanne de La Motte lui avait confié une lettre et une rose : « Vous remettrez cette rose avec la lettre, à la personne qui se présentera devant vous, et vous lui direz seulement : *vous savez ce que cela veut dire.* »

En réalité, le hasard, une fois encore, avait été passablement aidé. Nicole était déjà connue de Cagliostro grâce à l'ami de ce dernier, le F∴ Lenoir, lieutenant général de police, qui serait révoqué comme ennemi de la reine le 11 août 1785. Orpheline, Nicole Leguay était, nous dit Jacques de Boistel *(op. cit.),* « entre les mains d'un curateur, un usurier juif du nom de Nathan, qui avait pris une sentence contre elle pour le paiement d'une dette de cent écus. Dette que Nicole lui remboursera après l'opération du "bosquet" ». Louis Massignon affirme quant à lui que Nicole Leguay fut « procurée au lieutenant de police Lenoir (...) par l'usurier Nathan ». (« Un vœu et un destin : Marie-Antoinette, Reine de France », *in Lettres nouvelles,* sept. et oct. 1955.) Le susdit Lenoir s'empressant bien sûr de la recommander à son F.·. le Grand Cophte, qui, fidèle à sa coutume, prit soin d'effacer ses traces, comme le souligne Le Coulteux de Canteleu dans *Les sectes et les sociétés secrètes politiques et religieuses* (Paris, 1863).

Toujours est-il que par une nuit sans lune, le cardinal de Rohan, grand aumônier de France, fut conduit à baiser le pied de la fille publique Nicole Leguay, qui dans son émoi en oublia de lui donner la lettre, restée dans sa poche. En revanche, elle lui remit la rose avec les paroles appropriées, « ou quelque chose d'à peu près semblable ». (Rohan devait faire enchâsser la fleur, et appela même « Chemin de la Rose » l'allée de son jardin de Saverne où il aimait le mieux à se promener.) La brièveté de la rencontre — qu'il eût été en effet dangereux de prolonger ! — avait été préalablement justifiée aux yeux du cardinal par la diabolique comtesse, qui avait de surcroît mis sa victime « en condition », ainsi que le rapporte l'abbé Georgel. Il avait été convenu en effet que Jeanne de La Motte, en domino noir, avertirait Rohan du moment « où la soi-disante reine se rendrait au bosquet. La nuit était assez obscure ; l'heure indiquée s'écoulait ; madame de La Motte ne paraissait pas : l'inquiétude gagnait le cardinal, lorsque le domino noir vint à sa rencontre et lui dit : "Je sors de chez la reine ; elle est très contrariée, elle ne pourra point prolonger l'entretien comme elle l'avait désiré ; Madame et madame la comtesse d'Artois lui ont proposé de se promener avec elle : rendez-vous vite au bosquet ; elle s'échappera, et, malgré le court intervalle, elle vous donnera des preuves non équivoques de sa protection et de sa bienveillance". » Ainsi, le trouble de la « baronne d'Oliva » n'eut-il pas le temps d'entraîner des conséquences fâcheuses...

Et l'avocat Beugnot — le jeune homme de bonne famille qui avait aidé Jeanne de La Motte à ses débuts et lui faisait cette nuit-là une visite fortuite, au sortir d'un bal — put voir arriver entre minuit et une heure, M. et Mme de La Motte, Rétaux de Villette, et « une femme de vingt-cinq à trente ans, blonde, fort belle, et remarquablement bien faite », qui n'était autre que Nicole Leguay. La compagnie avait l'air de revenir d'une partie de campagne. « On déraisonnait, on riait, on fredonnait, on ne tenait plus sur ses jambes. »

De fait, la première partie du « plan » s'était déroulée au mieux. Restait la seconde et la plus décisive, mise sur pied par Cagliostro avec, comme toujours, l'active complicité de la comtesse de La Motte.

V

Le Collier

Boehmer et Bassenge, deux joailliers d'origine allemande, avaient réalisé leur *opus magnum :* un fabuleux collier de diamants estimé à 1 600 000 livres, et que Carlyle décrit en ces termes : « Un rang de dix-sept glorieux diamants, presque aussi gros que des noisettes, fait un premier tour du cou sans trop le serrer. Plus lâche, un feston trois fois répété est gracieusement rattaché à ces premiers rangs de diamants, et des pendentifs en nombre proportionné, en forme de poires, multiples et étoilés, ou en grappes l'encerclent une seconde fois en formant une guirlande. Le plus souple et le plus grand descend doucement de derrière le cou jusque sur la gorge en une chaîne d'un prix inestimable. Deux larges rangs font chacun trois tours, et semblent se nouer autour d'un véritable roi des diamants sur la poitrine ; puis ils repartent, séparés de nouveau, comme si la longueur en était infinie. Les pendentifs seuls auraient représenté une fortune pour quiconque. Et enfin, deux autres rangs triples vraiment indescriptibles vont, quand le collier est fermé, se rejoindre derrière le cou en un rang de six encore plus indescriptible. Ainsi, ils ruissellent de derrière le cou, ensemble ou séparés — nous pouvons les imaginer, semblables à de flamboyants signes du zodiaque, ou aux feux d'une aurore boréale. »

Dans l'esprit de ses créateurs, cette merveille était destinée à la favorite en titre de l'époque, la Du Barry. Las, Louis XV était mort sur ces entrefaites, et, pour parler vulgairement, le collier leur était resté sur les bras. Situation dramatique dans la mesure où les joailliers, pour acheter les pierres, avaient dû s'endetter lourdement auprès de Saint-James, richissime banquier et franc-maçon de la loge des « Amis Réunis » — dont Cagliostro, comme par hasard, allait faire un adepte. Le Grand Cophte, patiemment, tissait sa toile... La Cour d'Espagne ayant à son tour refusé la ruineuse parure, le dernier espoir de Boehmer et Bassenge résidait dans ce bon roi Louis XVI, ou plutôt dans la reine Marie-Antoinette, dont le goût pour les pierres précieuses était connu. Mais la reine avait renoncé au luxe et fit, selon la tradition, cette belle réponse : « Pour ce prix-là, on construirait un navire pour le service du Roi et de l'État. »

C'est en novembre 1784, dans le salon parisien de Mme de La Motte, que le F∴ Saint-James, en compagnie de deux autres maçons, les FF∴ Achet et La Porte, évoque devant la maîtresse de maison, la magnificence du collier et la détresse des joailliers. Le 29 décembre, sur la demande de Jeanne de La Motte, Boehmer lui présente la fabuleuse et funeste parure. La comtesse, dûment inspirée par Saint-James et Rétaux de Villette (Cagliostro est encore dans la coulisse), sait déjà ce qu'elle doit faire : appeler à grands cris le cardinal de Rohan pour qu'il vienne partager son émerveillement. Le prince arrive de Saverne le 5 janvier 1785. Et à son tour, dépassé par l'importance de l'enjeu, il fait exactement ce qu'on attendait de lui : il réclame son « maître » Cagliostro, alors à Lyon, et qui feint de « débarquer » dans une affaire qu'il a montée de A à Z !

On délibère en petit comité et, bien sûr, Rohan, le 29 janvier 1785, signe un contrat d'achat avec les joailliers. Mais pourquoi ? s'étonnera-t-on. Quelle est donc la nature de l'intérêt porté par le prince à la parure ? C'est que, tout simplement, Jeanne de La Motte lui avait écrit qu'une « grande dame qu'il connaît meurt d'envie du collier ; elle veut l'acheter, mais secrètement ; il faudrait qu'un ami sûr fît l'achat pour elle et donnât les garanties en attendant le 1er août, date à laquelle elle le payera. »

La « grande dame » en question n'était autre, *censément,* que Marie-Antoinette, et la mission que l'on venait de confier à ce benêt de Rohan, encore sous le charme de la nuit du bosquet, était aussi simple que diabolique : discréditer le Trône, en la personne de la reine, et l'Autel, à travers sa propre personne de grand aumônier de France.

C'est à Rétaux de Villette, l'habile faussaire dont Cagliostro avait découvert les talents, qu'incomba une fois de plus, selon son délicieux euphémisme, « un exercice d'écriture ». Il s'agissait tout bonnement d'imiter l'écriture et la signature de la reine, censée cautionner, auprès des joailliers, l'achat de Rohan. Cet écrit, nous dit l'abbé Georgel, devint entre les mains du cardinal « un nouveau talisman qui donna un cours plus rapide à sa crédulité et à sa bonne foi ». Quant à Cagliostro, revenu tout exprès de Lyon, comme on l'a dit, il « monta sur son trépied ; les invocations égyptiennes furent faites pendant une nuit éclairée par une très grande quantité de bougies dans le salon même du cardinal ; l'oracle, inspiré par son démon familier, prononça "que la négociation était digne du prince ; qu'elle aurait un plein succès ; qu'elle mettrait le sceau aux bontés de la reine et ferait éclore le jour heureux qui découvrirait, pour le bonheur de la France et de l'humanité, les rares talents de M. le Cardinal". » Air connu...

Le collier devait être livré par les joailliers à Rohan le 1er février, et celui-ci le porterait le soir même au domicile de la comtesse de La Motte, où la reine était supposée devoir l'envoyer chercher. De fait, le cardinal, suivi d'un valet de confiance portant la très précieuse cassette, arriva à l'heure convenue chez la comtesse, prit l'écrin des mains de son valet, qu'il renvoya, et fut introduit avec son trésor dans un petit cabinet faiblement éclairé, à porte vitrée. Soudain une porte s'ouvre, une voix s'écrie : « De la part de la Reine... » et Mme de La Motte s'avance avec gravité, prend la cassette et la remet au prétendu envoyé, en qui le cardinal, témoin caché et muet, croit reconnaître en effet le valet de chambre de confiance de la reine. Il faut préciser que Jeanne de La Motte avait pris soin de se faire reconduire par le susdit valet, une nuit où, sous les yeux du cardinal, elle avait prétendu sortir d'un de ces entretiens avec Marie-Antoinette, au Trianon, qui faisaient si fort avancer les affaires de Rohan ! Le crime était donc parfait...

Le lendemain, jour de la Purification, avait lieu dans la chapelle de Versailles la cérémonie de remise des cordons bleus et, selon ce que disaient les faux messages transmis au cardinal, c'est à cette occasion que la reine porterait pour la première fois la splendide parure. Naturellement il n'en fut rien ! Et les conspirateurs avaient déjà dépecé le collier, avisant aux moyens d'en tirer le meilleur profit. (En marge de leur mission principale, c'était bien le moins qu'ils se payassent un peu de leurs peines !) C'est ainsi que M. de La Motte fut dépêché en Angleterre pour tâter le terrain. Mais auparavant, une « lettre de la Reine » avait renvoyé en Alsace le cardinal, qui fût très vite devenu gênant, en posant des questions bien naturelles mais en l'occurrence fort importunes.

Il ne revint qu'au mois de juin, à l'approche de la date fatidique à laquelle devait être fait par la reine le premier versement. A la fin du mois, ayant enjoint à plusieurs reprises aux joailliers d'exprimer à Marie-Antoinette leurs remerciements pour l'achat du collier, et ceux-ci n'en ayant pas encore trouvé l'occasion, il les pressa, cette fois, d'écrire. Ce qu'ils firent volontiers. La lettre fut remise à la reine le 12 juillet. Elle disait ceci : « Nous sommes au comble du bonheur d'oser présumer les derniers arrangements qui nous ont été proposés ; auxquels nous nous sommes soumis avec respect et dévouement aux ordres de Votre Majesté et nous avons une vraie satisfaction de penser que la plus belle parure de diamants qui existe, servira à la plus grande et à la meilleure des reines. »

Marie-Antoinette, comme bien l'on pense, tomba des nues, et fit appeler Boehmer pour lui demander des explications ; mais il avait déjà quitté le palais et, comme la lettre accompagnait une épaulette et des boucles en diamant — cadeau du roi à l'occasion du baptême du duc d'Angoulême — la reine pensa que ce placet amphigourique les concernait, et ne crut pas utile de perdre davantage de temps à élucider cette énigme ; d'autant qu'elle avait déjà eu à se plaindre de « la tête exaltée » et des « folies » de Boehmer. Elle se contenta de demander à Mme Campan, sa dame de compagnie, de mettre les choses au clair avec le joaillier, la prochaine fois qu'elle le verrait.

C'est alors que les mâchoires du piège se refermèrent, actionnées comme il se doit par la victime elle-même — ou plutôt l'une des deux victimes : vers la fin de juillet, le cardinal de Rohan eut l'occasion de voir un échantillon authentique de l'écriture de la reine qui, nonobstant l'habileté de Rétaux de Villette, lui permit de discerner le caractère apocryphe des lettres qu'il avait reçues jusque-là.

Mme de La Motte, dont le cynisme ne se démentait décidément pas, révéla brutalement aux joailliers la découverte du cardinal, en leur conseillant de « prendre leurs précautions » vis-à-vis de lui. On devine l'affolement de Boehmer et Bassenge, le premier nommé se précipitant aussitôt chez Mme Campan — qui lui confirma qu'il était bel et bien victime d'une escroquerie, et que la reine n'avait jamais demandé à Rohan de lui servir d'intermédiaire. Marie-Antoinette, informée par sa dame de compagnie, convoqua Boehmer le 9 août, et lui enjoignit de rédiger un mémoire. Le roi, l'ayant lu, réunit le 15 août, jour de l'Assomption, son cabinet : c'est-à-dire Breteuil, Miromesnil et Vergennes. La reine était présente. Rohan, convoqué au moment où il s'apprêtait à célébrer la grand-messe, se présenta dans ses habits pontificaux. Sommé de s'expliquer, il excipa des lettres que lui avait censément écrites la reine. Ce à quoi cette dernière rétorqua avec indignation qu'il s'agissait d'une imposture. Le cardinal, qui ne le savait que trop, se troubla, et le baron de Breteuil, son ennemi intime, arracha au roi — lui-même troublé par la colère de Marie-Antoinette — l'ordre de faire arrêter Rohan. Le scandale ne pouvait être plus public, ni l'Église plus compromise, en la personne d'un de ses princes.

« Grande et heureuse affaire », jubile le F∴ Fréteau de

Saint-Just (qui côtoie Boulainvilliers à la loge des « Amis Réunis »). « Un Cardinal escroc, et qui pour se disculper avoue qu'il se croyait appelé à coucher avec la Reine ! Que de fange sur la crosse et sur le sceptre ! Quel triomphe pour les idées de liberté ! Quelle importance pour le Parlement ! » Et là, tout était dit... On connaît la suite : l'arrestation des autres protagonistes — en fait des seuls vrais coupables : la comtesse de La Motte, Rétaux et Cagliostro ; le procès qui se déroule dans une atmosphère « prérévolutionnaire » ; l'acquittement triomphal — le 31 mai 1786 — de Rohan* et Cagliostro, acclamés par la rue. Ce dénouement paraît tellement indécent que Louis XVI se voit en quelque sorte contraint d'écrire au baron de Breteuil la lettre suivante :

« Monsieur le Garde des Sceaux m'a rendu compte de l'arrêt par lequel tous les décrets sont levés. En conséquence, vous donnerez l'ordre à M. de Launay de laisser sortir de la Bastille le cardinal de Rohan et Cagliostro. Mais comme la reine est singulièrement compromise dans l'affaire du collier et des diamants, dans laquelle il a eu tant de part, vous ordonnerez au cardinal de donner sa démission de sa place de premier aumônier et de la décoration qui y est attachée. Vous lui ordonnerez de sortir de Paris dans trois jours, de ne voir que sa famille et ses conseils, de se rendre en son abbaye de la Chaise-Dieu, où j'espère qu'il ne verra que très peu de monde. Vous ordonnerez à Cagliostro de sortir de

---

* En 1788, le cardinal fêtera en sa bonne ville de Saverne la fin d'un exil au demeurant peu rigoureux. Là, il se rend à la synagogue, « éclairée de mille chandelles, remercier les rabbins de l'appui qu'ils ne lui avaient jamais refusé ». (Jacques de Boistel, *op. cit.*)

Paris dans huit jours, et de ce royaume dans trois semaines. Louis. »

Rétaux de Villette fut exilé (peine absolument dérisoire pour un faussaire) et Nicole Leguay acquittée. Cagliostro lui avait envoyé 2 100 livres pour la remercier d'avoir bien joué son rôle, et elle fut, comme lui, hébergée à Passy par Boulainvilliers. Seule la comtesse de La Motte — qui avait tenté de « charger » son complice Cagliostro — fut condamnée, après avoir été fouettée et marquée, à la prison à vie, et son époux aux galères perpétuelles, mais par contumace puisqu'il était en Angleterre. Toutefois, Jeanne de La Motte n'allait pas être abandonnée pour autant dans sa geôle de la Salpêtrière. Selon Funck-Brentano *(La Mort de la Reine),* « le Duc d'Orléans, qui dirigeait la Franc-Maçonnerie et préparait son rôle révolutionnaire, vit dès lors le parti qu'il pourrait tirer de l'aventure et la Duchesse d'Orléans prit la tête du mouvement de compassion ». Les sœurs des loges d'adoption — la Maçonnerie féminine — rendirent visite à Jeanne. Et le résultat de cet intérêt fut l'évasion de la comtesse et sa fuite en Angleterre, où l'attendait « Momotte ».

Quant au dépeçage du collier, il avait servi pour une très petite part à meubler la maison du couple à Bar-sur-Aube, mais l'essentiel, à n'en pas douter, revint à Cagliostro et à ses mandataires. C'est en effet dans une banque londonienne que La Motte avait déposé l'argent, et le fait que les époux aient été très vite réduits à la misère, en Angleterre même, prouve bien que le pactole leur avait été retiré...

Mais c'est encore une fois l'abbé Georgel qui allait nous faire pressentir la profondeur du « mystère d'iniquité » :

« Je crois que, sans s'en douter, madame de La Motte disait une grande vérité, en insinuant que Cagliostro avait, plus que personne, le secret des motifs et la cause de l'acquisition du collier ; mais comme ce secret n'a pas été révélé (...) ; que d'ailleurs ce secret, tenant à des vues particulières qui n'ont eu aucune suite, et ne détruisant en rien la chaîne des faits qui ont préparé, amené, accompagné et suivi cette catastrophe, je ne dois pas chercher à le tirer de l'oubli où il paraît être enseveli, et je le dois par considération pour les personnes qui ont cru qu'il était pour elles de la plus grande importance de couvrir ce mystère du voile du silence. Ce qui doit paraître étonnant, c'est que les confidents et les initiés, s'étant depuis divisés d'opinion, s'étant même voués, lors de la Révolution, la haine la plus active, ne se soient pas permis un mot qui ait pu faire deviner ce mystère d'iniquité. La loge égyptienne de Cagliostro avait sans doute, comme la franc-maçonnerie, son sanctuaire impénétrable, et le serment le plus solennel ensevelissait ses secrets. »

Nous sommes bien d'accord avec Jacques de Boistel, cette page est capitale. Louis Massignon, quant à lui, a évoqué en ces termes le grand dessein des conjurés : « Contre la Reine (...) en 1785, pour que le Roi révolté l'enferme et la fasse étrangler, ce fut l'opération Messaline à Suburre, ce pourquoi fut choisi le comte de Cagliostro (Joseph Balsamo) ; personnage des mille et une nuits (...), bordelier professionnel de sa propre femme grimé en fakir mondain. » (Cf. *Lettres nouvelles,* sept. et oct. 1955.) Rappelons-nous en effet la démarche du duc de Penthièvre — protecteur de la famille de Saint-Rémy en général et de Jeanne de La Motte en particulier — venu demander à Louis XVI d'enfermer la reine au Val-de-Grâce.

Pour le reste, Cagliostro, dans sa *Lettre au peuple français* datée du 20 juin 1786, est très clair et quasiment prophétique, relativement à l'avenir qu'il souhaite pour la France, et à l'avènement duquel l'Affaire du Collier n'a pas peu contribué :

« ... Quelqu'un me demandoit si je retournerois en France, dans le cas où les défenses qui m'en écartent seroient levées. Assurément, ai-je répondu, pourvu que la Bastille soit devenue une promenade publique. Dieu le veuille ! (...) Il est digne de vos Parlements de travailler à cette heureuse révolution. Elle n'est difficile que pour les âmes faibles. Qu'elle soit bien préparée, voilà tout le secret (...). Oui, mon ami, je l'annonce, il régnera sur vous un prince qui mettra sa gloire à l'abolition des lettres de cachet, à la convocation de vos États généraux, *et surtout au rétablissement de la vraie religion...* » (C'est nous qui soulignons.)

La Franc-Maçonnerie eût assez bien vu son grand maître le duc d'Orléans, futur Philippe Égalité, dans le rôle du prince réformateur esquissé par Cagliostro. Et le duc lui-même y pensait très fort. Sans doute y pensait-il particulièrement depuis son initiation à ce « grade de vengeance » qu'est celui de *chevalier Kadosch*. Montjoie, dans *Histoire de la conjuration de Louis-Philippe-Joseph d'Orléans* (1796), nous en a laissé ce récit pittoresque :

« (...) Louis-Philippe-Joseph fut introduit par cinq Francs-Maçons appelés Frères, dans une salle obscure. Au fond de cette salle était la représentation d'une grotte qui renfermait des ossements éclairés par une lampe sépulcrale. Dans un des coins de la salle, on avait placé un mannequin couvert de tous les ornements de la royauté et, au milieu de cette pièce, on avait dressé une échelle double.

« Lorsque Louis-Philippe-Joseph fut introduit par les cinq Frères, on le fit étendre par terre, comme s'il eût été mort ; dans cette attitude il eut l'ordre de réciter tous les grades qu'il avait reçus, et de répéter tous les serments qu'il avait faits. (...) Ces premières cérémonies finies, on lui permit de se relever ; on lui dit de monter jusqu'au haut de l'échelle, et lorsqu'il fut au dernier échelon, on voulut qu'il se laissât choir, il obéit, et alors on lui cria qu'il était parvenu au *nec plus ultra* de la Maçonnerie.

« Aussitôt après cette chute, on l'arma d'un poignard, et on lui ordonna de l'enfoncer dans le mannequin couronné ; ce qu'il exécuta. Une liqueur couleur de sang jaillit de la plaie sur le candidat et inonda le pavé. Il eut de plus l'ordre de couper la tête de cette figure, de la tenir élevée dans la main droite, et de garder le poignard teint de sang dans la main gauche, ce qu'il fit !

« Alors on lui apprit que les ossements qu'il voyait dans la grotte étaient ceux de Jacques de Molai, grand maître de l'Ordre des Templiers, et que l'homme dont il venait de répandre le sang et dont il tenait la tête ensanglantée dans la main droite, était Philippe le Bel, roi de France. On l'instruisit de plus, que le signe du grade auquel il était promu, consistait à porter la main droite sur le cœur, à l'étendre ensuite horizontalement, et à la laisser tomber sur le genou, pour marquer que le cœur d'un chevalier Kadosch était disposé à la vengeance. On lui révéla aussi que l'attouchement entre les chevaliers Kadosch se donnait en se prenant les mains comme pour se poignarder. »

Voulant passer du « symbole » à la réalité, le duc d'Orléans, si l'on en croit les *Faits remarquables* du comte de Gleichen, semble avoir recouru à la magie... Au cours d'un voyage en Angleterre, il aurait reçu du rabbin Falk-Scheck — personnage plus ou moins mythique de la haute Maçonnerie et qui passait pour être « le chef de tous les Juifs » — un talisman, en l'occurrence une bague qui devait lui assurer le trône. Selon certains, il la portait encore au moment de monter sur l'échafaud ! La bague aurait été ensuite transmise, par l'intermédiaire d'une certaine Juliette Goudchaux, au duc de Chartres, futur Louis-Philippe, qui de son côté l'aurait donnée avant de mourir au comte de Paris. L'anneau étant trop grand pour ce dernier, on l'envoya à un bijoutier parisien nommé Jacques, qui l'exposa quelque temps dans sa vitrine... Selon une autre version, une mystique, la marquise de la Croix, aurait provoqué « l'évanouissement, dont fut pris le duc d'Orléans en pleine Assemblée des Notables le 17 juin 1787, en brisant, par la vertu de ses prières, sur la poitrine du prince, un talisman de lapis-lazuli, qu'il avait reçu en Angleterre de Falk Scheck, premier rabbin des Juifs, et qui devait le conduire au trône ». (Cf. René Le Forestier, *La Franc-Maçonnerie templière et occultiste,* p. 629.)

Déjà, dans le passé, le duc de Chartres, futur duc d'Orléans, s'était signalé par ses pratiques ténébreuses : le 19 décembre 1771, la reine Marie-Antoinette perd — ou croit avoir perdu — une bague ornée d'une émeraude que lui avait donnée sa mère l'impératrice Marie-Thérèse. Ce bijou lui est rendu le 8 février 1779 par l'entremise du curé de la Madeleine-des-Champs, qui écrit à la reine : « J'ai reçu, sous le sceau de la confession, l'anneau que je remets à Votre Majesté, avec l'aveu qu'il Lui a été dérobé en 1771, dans l'intention de servir à des maléfices pour L'empêcher d'avoir des enfants... » Or, des sources sérieuses font porter la responsabilité du vol et des maléfices sur la loge des Philalèthes, que dirigeait... le duc de Chartres. (Cf. Xavier de Roche, *Louis XVII,* éd. de Paris, 1986, et John Charpentier, *Le Maître du secret. Un complot maçonnique sous Louis XVI,* Paris, Peyre, 1936.) Loge des Philalèthes où l'on retrouvait Boulainvilliers et un autre disciple de Cagliostro, Hirschfeld, qui joua un rôle important au sein de l'Ordre des Frères initiés de l'Asie, dont le landgrave de Hesse-Cassel — l'hôte du comte de Saint-Germain — fut le grand maître. Ajoutons pour faire bonne mesure que ce Hirschfeld prétendait connaître l'origine du manuscrit dont s'inspirait Martinès de Pasqually, le chef du rite maçonnique hébraïsant des Élus Coens...

Nous frôlons ici le « secret » auquel faisait allusion l'abbé Georgel. Quelle était donc la *vraie* religion, au rétablissement — ou à l'établissement... — de laquelle le Grand Cophte accordait une telle importance ? Là réside une des clefs de la « mission de Cagliostro ». Car redisons-le, si sa double initiation maçonnique permit de le rendre « opératif », sur les plans psychique et politique, la source première de son inspiration, par-delà Maçonnerie et rosicrucianisme, constituait en effet un mystère bien gardé. Mais non pas impénétrable...

VI

La « Véritable Religion » et le secret du Grand Cophte

Cagliostro, toujours en avance sur son époque, n'a jamais prétendu combattre ouvertement l'Église. Son propos était autre. Il voulait dans un premier temps unifier la Maçonnerie européenne sous l'égide de son Rite Égyptien, et dans un second temps la remettre entre les mains du pape. Du moins était-ce la version *ad usum Delphini.* Cette démarche ne faisait en réalité qu'anticiper les décisions de la Haute Vente des Carbonari telles qu'elles apparaîtront en 1819 (cf. J. Crétineau-Joly, *L'Église romaine en face de la Révolution,* Cercle de la Renaissance Française, tome 2, p. 84.) : « Le pape, quel qu'il soit, ne viendra jamais aux sociétés secrètes ; c'est aux sociétés secrètes à faire le premier pas vers l'Église, dans le but de les vaincre tous deux. »

N'avons-nous pas vu plus haut que Cagliostro n'était pas chrétien ? Le catholicisme, à ses yeux, ne saurait en aucune façon s'assimiler à la vraie religion qu'il appelait de ses vœux. Il s'agit donc bien moins pour la Franc-Maçonnerie de se mettre au service de Rome que de lui insuffler un « esprit » nouveau. Mais l'on s'en doutait déjà ! Il a été beaucoup question depuis lors de rendre au catholicisme sa « dimension initiatique », de réconcilier l'Église « exotérique » et la Maçonnerie « ésotérique »* pour reconstituer la véritable Tradition occidentale ; mais il n'est pas douteux que Cagliostro fut à cet égard le grand précurseur. Nous l'avons déjà dit, il s'agissait pour lui de faire entrer dans le panthéon maçonnique la statue de Jésus, ce « grand initié ». (Notons en passant que l'archevêque de Bourges — un précurseur lui aussi... — appuya son projet.)

Si l'on voulait le point de vue autorisé, sur ce problème, d'un « initié » contemporain, c'est au célèbre F∴ Albert Lantoine qu'il faudrait s'adresser, lui qui concluait sa contribution à l'*Histoire générale des Religions* (éd. Aristide Quillet, 1947) en envisageant que la Maçonnerie pût devenir la « future citadelle des religions ». Comme l'écrit très justement Bernard Faÿ *(La Franc-Maçonnerie et la révolution intellectuelle du XVIII*[e] *siècle) :* « Les *Constitutions* de Desaguliers parlent de la franc-maçonnerie comme de la "religion catholique" et expliquent avec grand soin qu'à une époque où les diverses religions sont arrivées à une impasse, seule la maçonnerie peut assurer l'unité de l'humanité et former

* Peut-être n'est-il pas indifférent de savoir que Paul VI fut le premier pape à user du mot « ésotérisme ». Il déclarait en effet en 1973 à la télévision italienne, lors de l'ostension du Saint-Suaire de Turin : « Oui, nous repensons à ce Saint Visage qui, dans la nuit de la Transfiguration sur la montagne, a ébloui les regards stupéfaits des trois disciples, dans l'apparition inoubliable, en quelque sorte *ésotérique,* théologique, que Jésus leur découvrait. » (Jean Robin, « L'Ésotérisme », in *L'État des Religions dans le monde,* La Découverte/Le Cerf, 1987.) Selon la revue *Ouranos* (dossier spécial : « Le monde occulte du surréel paraphysique », 1982), « il semble que ce Pape [Paul VI] ait été fortement attiré par le psi et les extraterrestres, d'autant qu'il a donné sa bénédiction solennelle à Siragusa et à sa secte ! »

un centre. C'est là en vérité créer au-dessus des vieilles religions une religion nouvelle, qui les « tolère » à titre d'opinions mais ne veut plus attacher à elles cette importance à laquelle elles ont cessé de prétendre, et sans laquelle elles ne peuvent vivre. » Encore cette « tolérance » est-elle à géométrie variable, car, ainsi qu'on l'a vu il y a quelque temps à Assise, dans ce genre de « fraternisation » générale d'inspiration maçonnique, c'est toujours le catholicisme qui est le grand perdant. On devrait d'ailleurs le savoir depuis longtemps puisque le principal promoteur, pour notre siècle, de l'« unité transcendante des religions », à savoir René Guénon, écrivait ceci dans *La Gnose* (dès 1911...), en morigénant l'un de ses frères en Maçonnerie :

« C'est d'ailleurs à tort que, au Dieu anthropomorphe des Chrétiens exotériques, le F∴ Nergal assimile *Jéhovah* (...) et *Allah* (...) ; de tels symboles ne sont nullement des personnifications, et ils le sont d'autant moins qu'il est interdit de les représenter par des figures quelconques. » (Repris dans *Études sur la Franc-Maçonnerie et le Compagnonnage,* éd. Traditionnelles, t. II, p. 284.) Il faut donc s'y résoudre, c'est bien le seul « exotérisme » catholique qui est visé. Cagliostro eût été content...

On ne peut donc que s'inquiéter gravement de cette déclaration de Jean-Paul II dans l'encyclique *Redemptor Hominis* du 4 mars 1979 (citée et critiquée par le R.P. Louis-Marie de Blignières dans *Jean-Paul II et la doctrine catholique,* p. 29, Prieuré d'Études Saint-Thomas d'Aquin, Chémeré-le-Roi, 53340 Ballée) : « A juste titre, les Pères de l'Église voyaient dans *les diverses religions* comme *autant de reflets d'une unique vérité,* comme des "semences du Verbe" témoignant que l'aspiration la plus profonde de l'esprit humain est tournée, malgré la *diversité des chemins,* vers une direction unique, en s'exprimant *dans la recherche de Dieu* et, en même temps, par l'intermédiaire de la tension vers Dieu, dans la recherche de la dimension totale de l'humanité, c'est-à-dire du sens plénier de la vie humaine. »

Cette étonnante déclaration — qui oublie tout simplement que les Pères parlaient des religions *antérieures* au Christ — rend de fait un son beaucoup plus guénonien que patristique, si l'on veut bien la rapprocher de ce passage de Guénon, entre beaucoup d'autres : « ...mais, sous leur diversité [celle des "formes extérieures"], c'est un fond identique qui se retrouve partout et toujours, partout du moins où il y a de la métaphysique vraie, et cela pour la simple raison que la vérité est une, [...] et elle est la même pour tous ceux qui, par une voie quelconque, sont parvenus à sa connaissance. » (*La Métaphysique orientale,* éd. Traditionnelles.)

Quant aux conclusions qu'il convient d'en tirer, relativement au catholicisme, elles sont également fort claires, au moins pour ceux qui ont des yeux pour voir et des oreilles pour entendre. Au risque de nous répéter, voici en effet ce qu'écrivait Guénon (en compagnie de deux acolytes) dans la revue maçonnique *L'Acacia,* le 22 février 1909 :

« [...] nous sommes de bons et légitimes maçons [...] un autre reproche qui nous cause le plus profond étonnement c'est celui d'être les auxiliaires du cléricalisme, ou même des cléricaux déguisés ; nous ne nous en serions jamais doutés nous qui ne comptons plus les excommunications lancées contre nous par la sainte Église romaine, ce dont nous nous faisons gloire d'ailleurs. [...] ce que le cléricalisme et la réaction sous toutes ses formes redoutent par-dessus tout, ce sont les maçons qui se rattachent à la tradition de l'Illuminisme... » Et le texte s'achevait sur le rappel de Louis-Claude de Saint-Martin, père supposé de la formule : « Liberté, Égalité, Fraternité. » (Cf. Jean-Pierre Laurant, *Le sens caché dans l'œuvre de René Guénon.*)

Savent-ils tout cela, les « traditionalistes » sensibles au chant des sirènes qui veulent faire passer, par exemple, la « liberté religieuse » pour une vérité catholique ?... Mme Michèle Reboul, entre autres, signale très bien le danger dans *Monde et Vie* (n° 458), en stigmatisant une campagne d'opinion qui, depuis quelque temps, se développe dans une certaine presse. Et à cet égard, le moindre de nos étonnements n'est pas de voir, dans une revue mensuelle toute dévouée au saint-siège, une tribune régulière accordée à un universitaire (homme d'ailleurs éminent et respectable) qui ne fait pas mystère de son guénonisme...

Le F∴ Jean Granger (qui signe ses livres Jean Tourniac) ne dissimule pas davantage son attachement à Guénon, dont il fut le correspondant et l'ami — ce qui ne l'empêcha pas d'être reçu le 17 mai 1983 par l'archevêque de Paris, Mgr Lustiger, en compagnie du R.P. Riquet et de Jean Mons, grand maître de la Grande Loge Nationale Française. (Par un « hasard » fort symbolique, Jean Granger, en sa qualité de grand prieur des Gaules, avait participé la veille même, en compagnie de « Knights Templar » américains, à une cérémonie du souvenir sur le lieu où fut brûlé Jacques de Molay, le 13 mars 1314.) *Actualités,* le bulletin de la Grande Loge Nationale Française, soulignait dans son numéro de juillet-août 1983, qu'« au cours de l'entretien très ouvert et chaleureux qui s'est déroulé dans les salons de l'Archevêché, nos représentants ont pu apprécier la profondeur des perspectives spirituelles du Cardinal et son intérêt pour nos motivations dans leur expression intellectuelle et morale [...] En remerciant le R.P. Riquet, le Cardinal nous a assurés de l'attention cordiale qu'il a portée à notre rencontre. » Et le bulletin de conclure : « Une entrevue importante dans les Annales de notre Obédience. »

Mais, dira-t-on peut-être, ces considérations d'actualité ne nous éloignent-elles pas dangereusement de Cagliostro ? Nous sommes au contraire au cœur du sujet, récoltant aujourd'hui ce qu'avait semé le Grand Cophte. D'ailleurs, nous l'allons voir tout de suite.

Pour explorer un peu plus avant que nous ne l'avons fait jusque-là la doctrine véhiculée par son Rite Égyptien, nous nous adresserons d'abord au *Dictionnaire universel de la Franc-Maçonnerie* (éd. de Navarre et éd. du Prisme, 1974), puisant ainsi nos informations à la meilleure source...

« ... la Maçonnerie de Cagliostro est égyptienne, son Rite est égyptien, au sens des philosophes contemporains, c'est-à-dire qu'il n'est pas chrétien, et donc qu'il est antichrétien.

« Quelque allusion peu compromettante à Jésus et l'aveu à Willermoz que Jésus-Christ était "philosophe" vont dans ce sens. (...) Au même, celui-ci soutient que les passages de l'Évangile favorables à sa déité ont été interpolés. Propos de philosophe, de juif ou de musulman ?

« La Franc-Maçonnerie est judéo-chrétienne. Le Rite Égyptien est juif, il laisse tomber la référence chrétienne et c'est en cela qu'il est égyptien. [Pas seulement, nous le verrons.]

« C'est ce que signifie aussi, paradoxalement, Cagliostro quand il proclame qu'il est venu infuser à la Franc-Maçonnerie "l'esprit chrétien". Tactiquement, le choix du mot s'explique. Et s'il n'est pas tout à fait mensonger, c'est qu'il est à entendre en un sens si large qu'il vient à signifier le contraire de ce qu'il paraît vouloir dire, c'est-à-dire... non chrétien en place de chrétien. (...)

« Le ton sur lequel Cagliostro déclare l'unicité et l'unité de Dieu est judéo-islamique si l'on veut, mais pas chrétien. *Il grande Iddio,* c'est l'être que symbolise la lettre G, mais celui-ci n'est pas, comme dans les vieux catéchismes, la deuxième personne de la Trinité, c'est Géhovah — le Dieu des Hébreux (...). "La religion la plus digne de Dieu et de l'homme", disait-il, selon l'abbé Georgel, "est celle des patriarches".

« Or, ce judéo-islamisme des croyances religieuses minimales est associé à une théurgie et une magie, qui ne laissent pas d'être dans la ligne des traditions juive et islamique. Mais c'est, dans leur forme, le judaïsme seul qui marquera la décoration de la loge, les pratiques et la doctrine qui en rendent compte. »

Tout ceci s'harmonise parfaitement avec ce que nous disions au chapitre Ier, relativement au courant ésotérique rosicrucien (universaliste à l'exclusion de l'« exotérisme » catholique) dont Cagliostro fut l'un des plus beaux fleurons. Dès lors,. on comprendra que l'enfance fabuleuse, digne en tout point des *Mille et Une Nuits,* décrite par le Grand Cophte dans son *Mémoire justificatif,* doit s'entendre symboliquement, comme les légendes rosicruciennes en général et celle de Christian Rosenkreutz en particulier. Elle est intéressante en ce qu'elle désigne très explicitement une source islamique à sa mission. (La source hébraïque, selon un paradoxe qui n'est qu'apparent, sera moins facile à déterminer — si l'on excepte son ascendance juive, du côté paternel, qui est sans intérêt ici — sans doute parce qu'elle était doctrinalement première. Du reste, cette hiérarchie n'étonnera pas ceux qui connaissent les travaux du R.P. Théry et de Joseph Bertuel sur les origines véritables de l'Islam.) Que dit donc Cagliostro dans son *Mémoire justificatif ?*

« J'ignore le lieu qui m'a vu naître et les parents qui m'ont donné le jour. Différentes circonstances de ma vie m'ont fait concevoir des doutes, des soupçons que le Lecteur pourra partager ; mais je le répète, toutes mes recherches n'ont abouti, à cet égard, qu'à me donner sur ma naissance des idées grandes à la vérité, mais vagues et incertaines.

« J'ai passé ma première enfance dans la Ville de Médine en Arabie. J'y ai été élevé sous le nom d'*Acharat,* nom que j'ai conservé dans mes voyages d'Afrique et d'Asie. J'étois logé dans le palais du Muphty Salahaym.

« Je me rappelle parfaitement que j'avois autour de moi quatre personnes : un Gouverneur, âgé de 55 à 60 ans, nommé *Althotas,* trois domestiques, un blanc qui me servoit de valet de chambre, et deux noirs, dont l'un étoit jour et nuit avec moi.

« Mon Gouverneur m'a toujours dit que j'étois resté orphelin à l'âge de trois mois, et que mes parents étoient nobles et chrétiens ; mais il a gardé le silence le plus absolu sur leur nom et sur le lieu de ma naissance. Quelques mots dits au hazard m'ont fait soupçonner que j'étois né à Malte ; mais c'est un fait qu'il m'a toujours été impossible de vérifier.

« Althotas, dont il m'est impossible de prononcer le nom sans attendrissement, avoit pour moi les soins et l'affection d'un père ; il se fit un plaisir de cultiver les dispositions que j'annonçois pour les sciences. Je puis dire qu'il les possédoit toutes, depuis les plus abstraites jusqu'à celles de pur agrément. La botanique et la physique médicinale furent celles dans lesquelles je fis le plus de progrès.

« Ce fut lui qui m'apprit à adorer Dieu, à aimer et servir mon prochain, à respecter en tout lieu la Religion et les Loix.

« Je portois, ainsi que lui, l'habit Musulman ; nous professions en apparence le Mahométisme ; mais la véritable Religion étoit empreinte dans nos cœurs.

« Le Muphti venoit me voir souvent, il me traitoit avec bonté, et paroissoit avoir beaucoup de considération pour mon Gouverneur.

« Ce dernier m'apprit la plus grande partie des langues de l'Orient. Il me parloit souvent des pyramides d'Égypte, de ces immenses souterrains creusés par les anciens Égyptiens, pour renfermer et défendre contre l'injure des temps le dépôt précieux des connaissances humaines. »

Nous passerons sur le voyage à La Mecque, et après quelques périples en Afrique et en Asie sur lesquels le Grand Cophte se montre avare de précisions, nous le laisserons à Malte en 1766, où, nous l'avons vu, il quitte l'univers symbolique pour le monde réel.

Mais ce qu'il convient de retirer de cette confession pour le moins pittoresque, c'est d'abord l'affirmation répétée *ad nauseam* d'une égale distance prise par notre héros à l'égard des religions officielles, qu'il s'agisse du christianisme ou même, en cette occurrence, de l'Islam, au profit de la « véritable Religion ». (Guénon — ôtant le masque de la « tolérance » et de l'œcuménisme — dira semblablement que les religions ne peuvent être que « des déviations de la Doctrine primordiale ».) Cette dernière serait-elle donc décidément le judaïsme, comme nous invite à le penser le *Dictionnaire universel de la Franc-Maçonnerie ?* Nous allons voir que ce « relais » — dans une de ses composantes hétérodoxes — revêt en effet une importance particulière. Même si nous ne croyons pas y trouver le dernier mot de l'énigme, il nous en rapproche dans d'inappréciables proportions.

En fait, l'inspiration judaïque qui préside — non pas exclusivement, donc — à l'action de Cagliostro, relève selon toute vraisemblance du courant issu du faux Messie Sabbataï Zevi qui, dans la seconde moitié du XVIIe siècle, bouleversa la communauté juive, avant de se convertir à l'Islam... Cette « apostasie » *apparente* suscita chez ses disciples une très curieuse et très révélatrice interprétation, liée au concept de la « sainteté du péché ». Il s'agissait en effet de descendre dans le royaume du Mal pour libérer les parcelles cachées de la Lumière. Mais comme le souligne le grand spécialiste de la pensée juive, G.G. Scholem (*Les grands courants de la mystique juive,* éd. Payot, 1968, p. 326) : « Le paradoxe de la crucifixion et celui de l'apostasie sont après tout sur deux plans tout à fait différents. Le second mène tout droit à un abîme sans fond ; son idée même rend presque tout concevable. (...) Et ainsi s'explique pourquoi la profonde fascination exercée par la doctrine d'un Messie impuissant et qui s'en remet aux démons aboutit directement à des conséquences nihilistes. » (Précisons en effet que Sabbataï Zevi était un maniaco-dépressif en proie à des tentations de caractère démoniaque et érotique.) La trahison du faux Messie est donc très exactement la caricature du sacrifice du Christ, jusques et y compris dans la « descente aux enfers ». Comme le note Scholem, la ressemblance entre le développement du sabbatianisme et du christianisme portait entre autres sur l'« attente impatiente de la *Parousia,* l'avènement ou le retour du Sauveur, que ce soit du Ciel ou du royaume de l'impureté ». (C'est bien ce qui distingue le Christ du Second Avènement, de l'Anté-christ !)

Le sabbatianisme, quant à lui, trouvait sa justification dans un passage du Talmud qui dit : « Le Fils de David viendra dans un temps ou complètement coupable ou complètement innocent. » D'où les sabbatiens tirèrent la conclusion que, puisqu'ils ne pouvaient tous être des saints, il fallait qu'ils fussent tous pécheurs. Comme l'écrit encore Scholem (p. 338) : « Pour le sentiment religieux anarchique de ces nouveaux juifs, les trois grandes religions institutionnelles n'ont plus une valeur absolue. Cette révolution de la conscience juive se répandit peu à peu par les groupes qui, comme la majorité des juifs sabbatiens d'Allemagne et des pays de la Monarchie des Habsbourg, restaient à l'intérieur des murs du ghetto, et continuaient de professer le judaïsme rabbinique, mais croyaient secrètement l'avoir dépassé. Quand l'apparition de la Révolution française donna un aspect politique à leurs idées, il n'y a pas eu besoin d'un grand changement pour qu'ils deviennent les apôtres d'une apocalypse politique démesurée*. Le besoin de bouleverser tout ce qui existait ne trouva plus son expression dans des théories désespérées, comme celle de

* Aux antipodes de toute perspective « raciste » ou « antisémite » — puisque aussi bien l'on a dit très justement que la survie du peuple juif était un mystère chrétien — sans doute est-il opportun de rappeler ici ce qu'écrivait Jacques Maritain dans *La Vie spirituelle* (juillet 1921) : « Un peuple essentiellement messianique comme le peuple juif, dès l'instant qu'il refuse le vrai Messie jouera fatalement dans le monde un rôle de subversion... en raison d'une nécessité

la sainteté du péché, mais prit un aspect intensément pratique dans le but d'annoncer l'âge nouveau. »

De fait, les sabbatiens jouèrent un rôle considérable dans le développement du rationalisme au XVIIIe siècle, illustrant ainsi l'alliance classique de la gnose la plus dévergondée et de la subversion politique. Un « héritier spirituel » de Sabbataï Zevi, Jacob Frank (1726-1791), devait d'ailleurs incarner « toutes les virtualités horribles d'un messianisme corrompu et despotique (...) un désir passionné de domination prévalut en lui, à l'exclusion de tout autre mobile ». (Scholem, *op. cit.,* p. 354.) Ses disciples de Galicie orientale entrèrent en masse, en 1759, dans l'Église catholique, de même qu'en 1683, à Salonique, d'autres sabbatiens étaient entrés en Islam. Ce qui n'empêchait naturellement pas les uns et les autres de s'appeler entre eux les *Mumin :* les croyants (en Sabbataï Zevi).

Entre cette duplicité, cette « transcendance » sabbatienne, relativement aux religions établies, et l'attitude de Cagliostro, on conviendra qu'un rapprochement s'impose... Il s'impose d'autant plus que Cagliostro se rendit à Offenbach, près de Francfort-sur-le-Main, là même où s'était établie la communauté des disciples de Jacob

---

métaphysique qui fait de l'Espérance messianique et de la passion de la Justice absolue, lorsqu'elles descendent du plan surnaturel dans le plan naturel, et qu'elles sont appliquées à faux, *le plus actif ferment de révolution.* C'est pourquoi comme Darmesteter (dans *Les Prophètes d'Israël*) et Bernard Lazare (dans *L'Antisémitisme*) le notaient très franchement, on trouve des Juifs, des menées juives, de l'esprit juif à l'origine de la plupart des grands mouvements révolutionnaires de l'époque moderne. »

Encore faut-il préciser que ce rôle subversif, face obscure de la « mission des Juifs », se manifeste ici à travers un courant sans rapport avec le judaïsme orthodoxe.

Frank (surnommé le « Cagliostro juif » !) — ce dernier ayant acheté le château du duc d'Isembourg, lui-même franc-maçon et illuminé.

Il est donc intéressant de lire la dénonciation que le rabbin Elasar Flekeles devait envoyer anonymement, quelques années plus tard, au commandant de la ville de Prague, le comte Vratislav :

« Lors de l'explosion de la pernicieuse liberté française, quand tant de choses tombèrent et que nombre d'organisations et de sociétés secrètes détestables vinrent à la surface, sembla aussi exister une connivence entre les Frankistes et certaines sociétés françaises. [...] L'un de ses partisans [de Frank] les plus importants, un Juif natif de Bruenn du nom de Moses Dobruska, qui fut baptisé il y a vingt-deux ans sous le nom de Schoenfeld, alla à Offenbach après la mort dudit *Franc.* Il était supposé prendre la place du défunt parmi les disciples qu'il laissait, mais au lieu de cela se rendit en France en se servant du nom de *Moïse Frei.* Il maria sa sœur à un certain secrétaire de la Convention nommé Sabah [*sic,* pour Chabot] et accompagna son beau-frère, guillotiné pendant le régime de Robespierre. Cela doit suffire à montrer la haute probabilité des liens notoires de *Franc* avec les sociétés françaises... La ruine du trône pontifical... [et] les conquêtes du général Bonaparte ravivèrent les croyances superstitieuses de ces gens. Ses conquêtes en Orient, particulièrement de la Palestine et de Jérusalem, en plus de son appel aux Juifs, jetèrent de l'huile sur le feu, et c'est précisément cela qui semble être le lien entre eux et les sociétés françaises. »

Redisons-le, toutefois : le sabbatianisme et le frankisme, pour importants qu'ils soient, ne constituent eux aussi que des « relais » ; et nous ne sommes pas encore remontés à la source « métapsychique » où s'abreuva Cagliostro. Quelle piste allons-nous donc suivre, pour tenter de retrouver l'origine de l'inspiration du Grand Cophte ? Tout simplement la piste égyptienne, sur laquelle nous avions promis de revenir. Aussi étonnant que cela puisse paraître, ce n'est pas seulement pour suivre la mode (lancée dès 1731 par le *Sethos* de l'abbé Terrasson) et offrir ainsi un « appât » plus attrayant, que Cagliostro est allé chercher en Égypte le symbolisme de son Rite maçonnique. En Égypte, où, précisément, gîtait le « Grand Dragon » (cf. Ezéchiel, XXIX, 3) en compagnie duquel l'âme du messie sabbatien était enfouie depuis la Création... *Nahash* (le Serpent) et *Mashiah* (le Messie), n'ont-ils pas pour les kabbalistes la même valeur numérique ?...

Rappelons ici ce que dit Anne-Catherine Emmerick (*Les mystères de l'ancienne Alliance,* éd. Téqui) : « les juifs aussi se livraient, en Égypte, à de nombreux cultes secrets ; mais Moïse les extirpa, il fut le voyant de Dieu. Toutefois, beaucoup de ces mystères furent conservés par les rabbins, qui se les transmirent comme une science secrète réservée aux lettrés. »

Ce à quoi ne contredit certainement pas ce « poème de jeunesse » de René Guénon, qu'il ne craignit pas d'intituler *Aspects de Satan :*

« Ô antique serpent, Nahash que connut bien
Moïse, qui se tut et jamais n'en dit rien,
D'où viens-tu ? Nul ne sait ! Qui es-tu ? Un mystère !
Jadis les Templiers t'appelaient notre Père ;
Pourquoi donc ? Je l'ignore ! Et qu'importe, après tout,
A moi qui ne suis rien, perdu dans le Grand Tout ? »

VII

Sous le voile d'Isis

Ce qui nous fait croire au sérieux de la « piste égyptienne », c'est moins l'évocation par le Grand Cophte de son initiation dans les couloirs des pyramides, que la mention répétée des susdites pyramides (dans son *Mémoire*) et plus encore des souterrains défendant le « dépôt précieux des connoissances humaines ». C'était là, au moins pour l'époque, nettement plus original, et il est vraiment curieux que René Guénon, beaucoup plus tard, ait fait semblable remarque, concernant la structure même de ces édifices (cf. *Formes traditionnelles et Cycles cosmiques,* éd. Gallimard). Et il ajoutera qu'une légende *copte* (à laquelle le Grand *Cophte* ne pouvait rester insensible) « rapporte l'origine des Pyramides à Shedîd et Sheddâd, fils d'Ad ». Il s'agit en fait d'Adad ou Hadad, dieu de l'orage des Assyro-Babyloniens, très lié à Baal et à Seth. (Ce n'est évidemment pas d'archéologie ou d'histoire qu'il est ici question, mais de symbolisme...)

Qui est ce Seth ? Le patriarche biblique ? Évidemment non puisqu'il est associé à Baal. Il s'agit du redoutable dieu égyptien à la tête d'âne, le meurtrier d'Osiris, celui que les Grecs assimilèrent à Typhon, et dont, de fait, l'aire d'influence s'étendit bien au-delà de l'Égypte, puisque des recherches récentes ont montré que Seth ou Shesh est le nom d'une très ancienne et primitive divinité connue dès les premiers âges en Palestine, en Asie Mineure et ailleurs. De même que l'on trouve mention, nous l'avons vu, d'un Seth-Baal, on rencontre également un Melesh-Sesh, un Moloch-Seth, etc. En effet, en Égypte, ce n'est pas seulement l'âne, bien que l'âne rouge soit son incarnation favorite, c'est aussi le tigre et le léopard.

Mais c'est encore la Bête qui « se cache sous les roseaux » des Psaumes et de Job, c'est Béhémoth le Rouge, la Bête écarlate, l'hippopotame cher à Typhon-Seth comme lui est cher le léopard puisqu'il est appelé tantôt Typhon le serpent, tantôt Typhon le léopard et tantôt Typhon l'hippopotame. Béhémoth vient de la racine *baham* ou *abham* qui signifie « être muet » et aussi « être caché ». Chose intéressante, pour les kabbalistes, le nombre 666 est celui du génie solaire *Sorath,* qui n'est autre que l'anagramme de *sthur,* signifiant « chose cachée ». En résumé, sous une forme ou sous une autre, Seth, Nemrod, Typhon ou Béhémoth, c'est toujours la même image du premier pouvoir despotique dont l'esprit s'est perpétué de façon secrète au cours des âges, dont le « corps » est demeuré caché *dans les cavernes de la terre,* comme Béhémoth sous les roseaux, ou comme les racines du grand arbre de Nabuchodonosor ; mais qui en remontera aux derniers jours pour retrouver sa puissance et émerveiller le monde par sa résurrection magique. C'est-à-dire par les « prestiges » de l'Antéchrist. Peut-on mieux définir, symboliquement, ce que le Grand Cophte allait chercher *dans les souterrains* égyptiens* ?... Nous

---

* Selon un spécialiste autrichien de l'occultisme, le Dr Stanislas

citerons pour conclure cette antique invocation à Seth (cf. les Papyrus Anastasi et Sallier) — qui l'associe implicitement au Serpent de la Genèse :

« Ô toi qui hais, *parce que tu as été chassé* [c'est nous qui soulignons], je t'invoque, tout-puissant souverain des dieux, destructeur et dépopulateur, toi qui ébranles tout ce qui n'est pas vaincu ! Je t'invoque, ô Typhon-Seth !... Vois : j'accomplis les rites prescrits par la magie, c'est par ton vrai nom que je te somme. Viens donc à moi franchement, car tu ne peux me refuser... Et moi aussi, je hais telle maison qui est prospère, telle famille qui est heureuse : sus contre elle, et renverse-la, car elle m'a fait injure ! »

Tout ceci, on en conviendra, jette un jour singulier sur la nature de la « véritable Religion » que Cagliostro se proposait d'instaurer... avec l'aide du pape. Même s'il avait deux siècles d'avance, sa tentative mérite d'être saluée, s'il nous est permis d'ironiser à propos d'un sujet aussi tragique. Mais nous n'en avons pas encore tout à fait fini avec l'Égypte.

L'emblème de Cagliostro — un serpent traversé d'une flèche apposé sur cire verte, qui donne les initiales SI ou

---

Hinterstoisser, Winfield Lovecraft, le père du célèbre écrivain fantastique, était un franc-maçon de filiation égyptienne et possédait des ouvrages de magie fort rares. Cagliostro en effet aurait légué à ses successeurs certains manuscrits, dont l'original du *Necronomicon,* redoutable traité de magie noire que H.P. Lovecraft introduit dans ses fictions. Selon le Dr Hinterstoisser, le *Necronomicon* n'est pas l'œuvre d'un seul homme, mais constitue une compilation probablement effectuée par Alkindi (mort vers 850) et qui « prétend contenir les restes d'une tradition magique antérieure à l'humanité ». (Cf. Introduction de Colin Wilson au *Necronomicon,* éd. Belfond, 1979.) Nous livrons ceci à titre purement documentaire.

IS — scellait le manuscrit du Rituel de la Maç. Égyptienne. Or, dans un livre intitulé *Lucifer démasqué,* « écrit dans un esprit de réparation », et que nous avons déjà cité, Jean Kostka (Jules Doinel), fait le récit d'un songe d'origine démoniaque qui permit de choisir, en 1884, le nom d'une loge maçonnique qui venait d'être créée. En voici la conclusion : « [l'apparition] se pencha lentement vers moi, et de sa bouche écarlate, traversée par le blanc éclair des dents, tombèrent ces mots :

"Je suis CELLE qui suis !" [Ceci ne nous rappelle-t-il rien ?...]

"Isis ! m'écriai-je en saisissant l'ourlet du peplum et en le baisant.

"Oui ! Je suis Isis, Celle dont le nom est formé de deux lettres : I qui est l'Unité ; S qui est la multiplicité. Donne MON NOM A LA LOGE." » Ce qui fut fait. La « comtesse » de Cagliostro n'était-elle pas elle aussi prêtresse d'Isis ? Et René Guénon — par une nouvelle et vraiment troublante « coïncidence » — n'écrivait-il pas, à propos justement du sceau de Cagliostro (cf. *Études sur la Franc-Maçonnerie et le Compagnonnage,* éd. Traditionnelles, tome 1, p. 143) : « [...] nous ajouterons que, essentiellement, la lettre S représente la multiplicité et la lettre I l'unité ; [...] et il est tout à fait exact qu'il y a là quelque chose qui "procède d'un ésotérisme profond" [...]. » Non pas profond, abyssal, serions-nous tenté d'ajouter...

Mais le serpent et la flèche qui figurent sur le sceau de Cagliostro sont, comme tous les symboles, susceptibles de plusieurs significations. Ainsi, après avoir confirmé l'origine égyptienne du Rite, ils vont nous éclairer sur la personnalité de son fondateur. Ils peuvent également être lus, en effet, comme l'abréviation de Supérieur Inconnu, ainsi que la tradition s'en est perpétuée dans l'Ordre Martiniste par exemple. Ce concept de Supérieur Inconnu renvoie bien sûr au gouvernement invisible qui inspire la Franc-Maçonnerie, et dont il fut beaucoup question au XVIIIe siècle. La signature de Cagliostro nous dit très explicitement qu'il en était un membre éminent — ce dont nous lui donnons acte bien volontiers au vu de ce qui précède ! Mais ce n'est pas tout.

On sait en effet que Cagliostro, comme le comte de Saint-Germain — cet autre « Supérieur Inconnu » — s'est vu attribuer des « souvenirs » vieux de plusieurs siècles, et donc une immortalité qu'il revendiquait d'ailleurs lui-même. Rappelons-nous : « Je ne suis d'aucune époque ni d'aucun lieu ; en dehors du temps et de l'espace, mon être spirituel vit son éternelle existence, et si je plonge dans ma pensée en remontant le cours des âges, si j'étends mon esprit vers un mode d'existence éloigné de celui que vous percevez, je deviens celui que je désire. »

Nous avons vu plus haut que cette ébouriffante déclaration référait directement à l'ubiquité et à l'intemporalité légendairement attribuées aux Rose-Croix. Il ne s'agissait donc pas d'une simple hâblerie de la part du Grand Cophte, bien que ses propos ne soient évidemment pas à prendre pour argent comptant. Et c'est encore Guénon qui nous indique dans quelle direction chercher, s'agissant de la nature des Supérieurs Inconnus. Il nous dit du comte de Saint-Germain que, « pour se maintenir ainsi à travers le temps, il lui aura suffi, dans l'intervalle de ses “missions”, de “se remettre aux pieds de l'Éternel”, suivant l'expression d'un de ces agents du “pouvoir occulte” auquel nous faisions allusion tout à l'heure, ou “sous l'œil du Pôle”, comme disent, exactement dans le même sens, les initiés musulmans. » (Cf. « L'Énigme », article publié dans *La France Antimaçonnique* du 29 janvier 1914 sous le pseudonyme du « Sphinx »*.) Il est frappant que dans son *Mémoire justificatif,* Cagliostro ait déclaré de son côté qu'il avait eu la grâce d'être admis *« devant l'Éternel ».* Et d'ajouter : « Dès lors je reçus, avec un nom nouveau, une mission unique. »

Si ces abstruses considérations sont sans doute familières aux initiés du judaïsme ou de l'Islam, elles le sont moins aux chrétiens. Doivent-ils pour autant renoncer à comprendre le « cas » Cagliostro, à la lumière de leur propre religion ? Nous ne le pensons pas. Cette « entité » perdurant, identique à elle-même, à travers les âges, avant de s'incarner en Cagliostro, nous renvoie en effet, par analogie, à la théorie du *verus propheta* qui, écrit Michel Chodkiewicz (*Le Sceau des saints,* éd. Gallimard), « chemine de prophète en prophète jusqu'à sa manifestation parfaite et définitive en Jésus. Le "roman pseudo-clémentin" (attribué au quatrième pape, Clément de Rome, mort en 97), qui tire sa substance de sources juives et judéo-chrétiennes fortement marquées par le gnosticisme, illustre cette doctrine dont, selon Oscar Culmann, *"l'islam aurait recueilli l'héritage que l'orthodoxie chrétienne rejetait".* » (C'est nous qui soulignons.) Et Michel Chodkiewicz ajoute que « Des analogies s'imposent de toute évidence avec les croyances manichéennes comme avec la notion hindoue d'*avatâra.* »

On voit donc que la Tradition chrétienne — tout « exotérique » qu'elle fût — n'ignorait rien de cette

* Dont se servit Guénon pour tenter d'« infiltrer » les milieux antimaçonniques.

bizarre doctrine, et qu'elle l'avait expressément rejetée. En fait, dans le cas qui nous intéresse, cette hérésie gnostico-manichéenne — bien évidemment étrangère aux Mystères du christianisme qu'elle prétendait expliquer — recouvrait une curieuse réalité psycho-physiologique, sur laquelle nous interrogerons la célèbre exploratrice Alexandra David-Neel *(Mystiques et Magiciens du Thibet) :* « D'après la croyance populaire, un *tulkou* est, soit la réincarnation d'un saint ou d'un savant défunt, ou bien l'incarnation d'un autre être qu'humain : dieu, démon, etc. (...) Certains lamas croient que l'énergie subtile qui subsiste après la mort de celui qui l'a engendrée — ou alimentée s'il est déjà un *tulkou* appartenant à une lignée d'incarnations — attire à elle et groupe des éléments sympathiques et devient ainsi le noyau d'un nouvel être. D'autres disent que le faisceau des forces désincarnées s'unit à un être existant déjà, dont les dispositions physiques et mentales acquises en des vies antérieures permettent une union harmonieuse. »*

Cette « réincarnation » dont parle Alexandra David-Neel ne doit pas s'entendre littéralement comme le retour d'un même être dans une forme corporelle nouvelle. Le cas des *tulkous* est en fait une spécification de la métempsycose des Grecs, qui est la transmission d'un

* Un rapprochement s'impose avec une lettre de Johann G. Forster, le chef des Jacobins allemands, qui écrivait ceci le 27 décembre 1791, soit deux semaines après la mort de Jacob Frank : « On dit qu'il [Frank] a fait des expériences d'alchimie et qu'il buvait chaque jour beaucoup de liqueur d'Hoffmann, que ses gens croyaient devoir le rendre immortel. Mais maintenant qu'il est mort, son immortalité est expliquée comme une transmigration de l'âme tibétaine ; après quatre-vingt-neuf jours, son esprit descendra sur son second cousin qui deviendra le chef de la secte à sa place. »

être à un autre, après la désagrégation du composé humain, non pas, certes, de *l'âme,* mais d'éléments psychiques plus ou moins importants, et censés avoir conservé une plus ou moins grande cohésion ; ce qui n'a pas plus de rapport avec la réincarnation que l'hérédité psychique la plus « ordinaire » par exemple. De surcroît, la mémoire faisant évidemment partie de ces éléments psychiques liés à la forme humaine et « libérés » à la mort d'un individu, sa transmission suffirait à expliquer les cas de réminiscence plus ou moins extraordinaires dont on veut faire des preuves de la réincarnation.

Cagliostro lui-même a désigné, non pas, donc, une de ses précédentes incarnations, mais l'un des précédents « supports » de l'entité qui le possédait : Frédéric Gualdo. Selon René Le Forestier *(La Franc-Maçonnerie templière et occultiste),* « ce personnage était très considéré par les adeptes ; les uns le disaient natif de Venise où sa présence avait été constatée en 1680 ; d'autres en faisaient un Allemand qui avait italianisé son vrai nom de Friedrich Walter ; tous croyaient fermement que, membre de la Rose-Croix, il avait, grâce à la panacée, atteint l'âge de quatre cents ans quand il était mort en 1724 ».

Mais il y a plus étonnant encore, et mieux accrédité. Robert Amadou, éminent spécialiste de l'histoire de l'occultisme, fit en 1977 une découverte qui fut publiée par Louis Pauwels et Guy Breton dans leurs *Histoires magiques de l'Histoire de France* (éd. Albin Michel). Il s'agissait d'un « chevalier de la Sainte-Croix » se disant originaire de Sicile, qui, dans les dernières années du règne de Louis XIII, fit son apparition à Toulouse. « En un sabir où l'on croit reconnaître des intonations italiennes, il se proclame artiste en médecine et porte la veste rouge, le feutre à plume blanche des marchands d'orviétan. Il possède, déclare-t-il, un élixir merveilleux, une "huile" capable de guérir beaucoup de maladies et de maintenir en longue et bonne conservation les humains.

« Il s'installe, sans doute dans quelque auberge, commence de traiter des malades, obtient des guérisons, ne réclame pas d'argent, tout au contraire en donne aux indigents. C'est un bienfaiteur, déjà connu pour tel en Europe, notamment en Italie, en Espagne, en Suisse, en Allemagne. » Son nom ? Joseph Balsamo. Ainsi que l'attestent les lettres de bourgeoisie accordées le 21 avril 1644 par les Capitouls de Toulouse. (Voir Dom Devic et Dom Vaissète, *Histoire générale du Languedoc,* tome 14, colonnes 41-42.)

Il est au moins curieux de mettre ceci en parallèle avec ces propos de Guénon, complétant ce que nous avons dit plus haut relativement aux tulkous. Sous le pseudonyme du Sphinx, il écrivait en effet dans l'article de *La France Antimaçonnique* (29 janvier 1914) que nous avons déjà cité :

« C'est une singulière manie, et beaucoup trop commune, que celle qui consiste à vouloir toujours et avant tout savoir "les noms", comme si ces noms signifiaient ou prouvaient quelque chose. Nous nous soucions fort peu de savoir même si les "Supérieurs Inconnus" ont des noms à proprement parler, autres du moins que ceux, purement conventionnels, qu'il leur plaît de prendre parfois pour jouer un rôle déterminé. Les individualités, ici, revêtent un caractère essentiellement symbolique ; elles ne sont rien par elles-mêmes, en dehors de ce qu'elles représentent, et cela à tel point qu'elles n'ont même pas une physionomie qui leur appartienne en propre. (...) » Nous savons déjà que, selon cette théorie, il se peut fort bien que le nom d'un « Supérieur Inconnu » serve à plusieurs personnages successifs, la même « entité » pouvant en somme revêtir des enveloppes différentes. Mais selon Alexandra David-Neel, il est également possible que plusieurs « incarnations » d'une même entité se manifestent, non seulement en mode successif, mais encore *simultanément*. (Satan n'est-il pas *légion ?...*)

Quoi qu'il en soit, nous savons désormais de *qui* Cagliostro-Balsamo était le « support », et quelle était la source véritable de sa doctrine et de ses menées subversives. Il ne nous reste plus maintenant qu'à examiner de quels prestiges métapsychiques il se servait pour abuser les naïfs et recruter des dupes. Car l'aveuglement des disciples séduits est confondant. Au vrai, il glace le sang. Qu'on en juge d'après cet extrait de la lettre d'un dévot, reproduite par Marc Haven, et qui fut écrite à Boulogne-sur-Mer le 20 juin 1786, quatre jours après l'embarquement de Cagliostro, exilé en Angleterre :

« Mon Maître éternel, mon tout, il semblait que la mer s'opposât à la séparation que j'étais forcé d'éprouver ; nous avons été dix-huit heures en mer et nous sommes arrivés le 11 dans la matinée. Mon fils a beaucoup souffert. Mais, Maître, j'ai eu le bonheur de vous voir cette nuit. L'Éternel a réalisé la bénédiction que je reçus hier : Ah ! mon Maître, après Dieu, vous faites ma félicité. Les jeunes... et... se recommandent toujours à votre bonté ; ce sont d'honnêtes jeunes gens et, par le moyen de votre pouvoir, ils seront un jour dignes d'être vos fils. (...) »

VIII

Les colombes et l'esprit magique

Les pratiques essentielles du Rite Égyptien n'avaient, a priori, rien que de très honnête... Le Rite promettait en effet à ses adeptes de réintégrer l'état de perfection par une régénération physique et morale. « Pour obtenir la régénération physique on devait, à la pleine lune du mois de mai, se rendre à la campagne, s'y enfermer dans une chambre, observer un carême de quarante jours évidemment, accepter durant cette période de se laisser retirer à quelques reprises un peu de sang, ne boire que de l'eau distillée et il ne fallait plus qu'absorber peu à peu quelques gouttes de « Materia prima ». Le trente-neuvième jour, l'adepte recevait dix gouttes du baume du Grand Maître, qu'il était invité à absorber et, le quarantième jour achevé, il revenait chez lui tout à fait rajeuni, comme s'il venait de naître. » (Pierre Chevallier, *Histoire de la Franc-Maçonnerie française,* t. I, éd. Fayard, 1974.)

Quant à la régénération morale, elle devait s'accomplir en un endroit spécialement aménagé à cet effet — en l'occurrence le « pavillon pour la régénération » édifié en 1781 à Riehen, en Suisse, par le banquier bâlois Sarrasin, fidèle disciple de Cagliostro. L'adepte, là encore, y demeurait quarante jours, s'occupant à des travaux dont le secret n'a pas été percé. On sait seulement qu'au 33e jour, « les sept premiers anges créés se présentaient en personne pour imprimer de leurs propres mains leurs sceaux et leurs chiffres sur un fragment de parchemin préparé de façon spéciale ; au bout de trois jours, les anges avaient terminé leur travail et remettaient à chacun de leur adepte favori un pentagramme. » (Pierre Chevallier, *op. cit.*) L'heureux possesseur de ce talisman devenait tout-puissant. (« Vous serez comme des dieux »...) Ajoutons que le nombre 7, dont nous avions souligné l'importance lors de la « visite » de la Pagode de Chanteloup, était de fait omniprésent : les 7 anges correspondaient aux 7 planètes et le candidat était soumis à 7 opérations philosophiques. Mais il s'agissait là d'une initiation réservée à l'« élite ».

Après des étapes en Russie, où Potemkine, favori de Catherine II, est son disciple, et à Varsovie où il fréquente des kabbalistes et est reçu par le roi Stanislas-Auguste Poniatowski (à qui, comme on se retrouve, Rohan doit son chapeau de cardinal), Cagliostro — toujours accompagné de Serafina — traversa l'Allemagne, ainsi qu'on l'a vu.

Mais c'est à Mitau, en Courlande, où il était arrivé en 1779, qu'il avait inauguré véritablement sa carrière de thaumaturge patenté, au sein d'un milieu très aristocratique. Si les pratiques que nous avons évoquées plus haut requéraient de l'« initié » un incontestable effort, propre à le mettre en contact avec les influences les plus dangereuses, celles dont il va être maintenant question ne réclamaient au contraire des participants, ou plutôt des assistants, qu'une belle dose de crédulité. Aussi est-ce sur elles — destinées au commun des fidèles (fût-il de haute noblesse) — que le Grand Cophte fonda sa réputation. Sa spécialité, s'il est permis de s'exprimer ainsi, était la communication avec les plans prétendument angéliques, par l'intermédiaire d'un (ou d'une) enfant appelé « colombe » ou « pupille ». Voici comment se déroulait une « opération » dans la loge mixte qu'il avait fondée :

Après l'ouverture des travaux, les membres de la loge étant sans épée et sans métaux, le grand maître, en costume maçonnique et l'épée à la main, introduit un tout jeune enfant revêtu d'une longue robe blanche et, l'ayant consacré devant l'assemblée en lui imposant les mains et en l'oignant avec l'« huile de la sagesse » — tout en prononçant quelques paroles relatives à l'œuvre qu'il veut accomplir — il le fait asseoir devant une carafe remplie d'eau, dans une petite chambre contiguë au temple. Puis il sort et ferme la porte, devant laquelle il reste debout. Alors, toute l'assemblée, après avoir récité un psaume, se recueille et prie en silence.

Au bout d'un moment, Cagliostro demande à la « colombe » si elle voit quelque chose dans la carafe. Et l'enfant de répondre : « Je vois un ange... des anges... » Le grand maître, après avoir remercié ces visiteurs censément « spirituels », demande aux assistants de poser les questions qu'ils souhaitent — et que lui-même, toujours en faction, transmet à la colombe à travers la porte. Les « visiteurs » y répondant soit par des signes ou par des paroles perçues seulement par l'enfant, soit en lui montrant un tableau changeant. Voici ce qu'en dit Mme de Recke, une ancienne disciple de Cagliostro bientôt revenue de ses illusions, et qui a laissé d'intéressants mémoires (*Nachricht von des berüchtigen Cagliostro...*, 1787) : « Cagliostro nous expliqua que ce n'était pas toujours l'enfant qui parlait de lui-même, mais qu'un *esprit magique* [qu'en est-il donc des « anges » ?] lui dictait les réponses qu'il faisait souvent inconsciemment et sans rien voir. Aussi ignorait-il ensuite parfois ce qu'il avait dit. » (Cité par Marc Haven, *op. cit.,* p. 54.)

Cet « esprit magique » était-il celui qui avait pris possession de Cagliostro ? Le célèbre occultiste du XIXe siècle Éliphas Lévi (Alphonse-Louis Constant), écrit pour sa part que « Cagliostro pratiquait l'hydromancie, parce qu'il savait que l'eau est à la fois un excellent conducteur, un puissant réflecteur, et un milieu très réfringent pour la lumière astrale, comme le prouvent les mirages de la mer et des montagnes ». (*Histoire de la Magie,* éd. de la Maisnie.)

En tout cas, comme le souligne très justement Denys Roman (« Cagliostro et la Franc-Maçonnerie », *Études Traditionnelles,* janvier-février 1968), les opérations de Cagliostro, avec leurs visions lumineuses et leurs apparitions, « s'apparentent singulièrement aux pratiques du prince Charles de Hesse », grand maître, nous l'avons dit, de l'Ordre très judaïsant des « Frères initiés de l'Asie », dont l'un des fondateurs n'était autre que Schoenfeld, le frankiste accusé de menées révolutionnaires en France. Charles de Hesse fut au comte de Saint-Germain ce que Rohan fut à Cagliostro. Il est d'ailleurs fort probable que, outre Schoenfeld, des hommes comme Hirschfeld, par exemple, aient joué un rôle d'intermédiaires entre les deux agents majeurs de la subversion mystico-politique. Descendant d'un marrane, un juif converti, le comte se rattachait manifestement à la même tradition que Cagliostro, et ne craignait pas de déclarer à Charles de Hesse : « Jésus-Christ n'est rien »... Les deux plus... célèbres « Supérieurs Inconnus » de la Maçonnerie au XVIIIe siècle s'étaient sans nul doute répartis la tâche, et il est significatif que leur magistère se soit accompagné de phénomènes analogues. A grand renfort de faux miracles, c'était une nouvelle religion qu'il s'agissait de promouvoir. Et si la confusion du psychique et du spirituel est un des maux les plus graves de notre époque, Cagliostro là encore fut un précurseur, en attisant le goût des phénomènes préternaturels, jusqu'à la caricature. Ne dit-on pas que des « travaux » magiques de disciples du Grand Cophte eurent pour résultat l'apparition de singes au lieu des anges attendus ?!

Mésaventure fort symbolique qui illustre parfaitement cet avertissement de saint Jean de la Croix : « Aussi le démon est-il très satisfait quand il rencontre une âme qui désire des révélations ou s'y porte. Il a alors une occasion facile de lui suggérer ses erreurs et de la détourner de la foi autant qu'il le pourra, car ainsi que je l'ai dit : cette âme qui désire des révélations, se met dans une disposition très contraire à la foi et s'attire beaucoup de tentations et de dangers. » Toujours aussi aveuglé, Marc Haven écrivait de son côté : « par les expériences psychiques, Cagliostro initiait l'humanité à l'emploi de facultés dont l'évolution amenait à cette heure le développement naturel et général. »

Oui, c'était bien d'une nouvelle religion qu'il s'agissait, dont Cagliostro serait le prophète, comme en témoigne son buste (exécuté par le F∴ Houdon), qui trônait au milieu du temple lyonnais du Rite Égyptien. Car c'est à Lyon, avec la fondation de la Loge Mère du Rite Égyptien, « la Sagesse Triomphante* », que la carrière mystagogique du Grand Cophte connut son apogée.

* Curieusement, les initiales de la loge donnent ST — c'est-à-dire le nom de Seth ramené à ses éléments essentiels dans l'alphabet latin.

C'est là, en particulier, qu'il reçut le duc de Richelieu, qui s'était présenté sous un déguisement, et lui montra dans un miroir « tout ce qu'il était et tout ce qu'il serait ». (Cf. Robert Amadou, « Cagliostro », in *L'Autre Monde,* avril 1986.)

Puisqu'il paraît décidément que Cagliostro avait le goût des logis « symboliques », c'est à l'hôtel de la Reine, sur le quai Saint-Clair, qu'il descendit avec Serafina, le 20 octobre 1784, après ses séjours à Strasbourg et à Bordeaux. Comme à Mitau, le faux mysticisme était en plein essor, et la ville comptait en 1781 douze loges maçonniques. Il y en aura bientôt une nouvelle : celle de Cagliostro. Une souscription est ouverte et les sommes recueillies permettent l'édification, sur l'allée des Brotteaux, d'un véritable temple. (Il est vrai que la prédilection du Grand Cophte pour les banquiers ne se démentira jamais : Sarrasin à Strasbourg, Saint-Costar à Lyon, qui devient même vénérable de la « Sagesse Triomphante ».)

Le culte qu'on y célébrait, et qui se surajoutait aux pratiques « individuelles » et aux opérations magiques que nous avons évoquées plus haut s'adressait — de l'avis même de l'ésotériste Jean Reyor (*Le Voile d'Isis,* juillet 1932) — à une divinité qui paraît « à première vue plus proche de l'Être Suprême de Robespierre que des conceptions traditionnelles ». De fait, c'est « pour la plus grande gloire de l'Être Suprême » que Cagliostro écrira au pape, depuis sa cellule de San Leo.

Mais sur un plan « technique », l'essentiel résidait dans une transmission de pouvoirs caractéristique du Rite Égyptien — transmission qui n'est pas sans évoquer, et ce n'est sans doute pas une coïncidence, l'« initiation » dispensée au sein du mouvement pentecôtiste. C'est une vieille balançoire en effet, chère à tous les gnostiques et tous les ésotéristes, que de distinguer dans le christianisme le baptême d'eau « exotérique » et l'imposition des mains « initiatique ». Ainsi, un théologien charismatique, Heribert Mülhen, écrit-il que le baptême d'eau pour la rémission des péchés « était clairement distinct à l'époque la plus ancienne de l'imposition de la main (comme signe de la continuation de l'expérience de la Pentecôte) ». (*Vous recevrez le don du Saint-Esprit,* Le Centurion, 1982.) C'est également ce que disent les guénoniens.

De surcroît, on trouve d'étranges similitudes entre le Rite Égyptien et le Pentecôtisme dans les conditions de cette transmission. Écoutons d'abord Marc Haven : « De même que les maîtres primitifs choisirent leurs adeptes d'après leur caractère et les facultés qui sommeillaient en eux, pour développer ces personnalités latentes au maximum de leur puissance, de même l'élu choisit et développe un initié et lui transmet, lorsque son évolution atteint le degré nécessaire, les connaissances et les pouvoirs qui lui ouvrent un monde nouveau. (...) Celui qui vit dans le monde spirituel, qui y voit, y entend, y agit, a, par là même, sur le monde matériel, une puissance incompréhensible aux profanes et qui peut s'appliquer aussi bien à la guérison des hommes malades qu'à celle des métaux imparfaits ; il peut pénétrer aussi aisément les secrets des cerveaux humains que les destins cachés des nations. »

Bien que les charismatiques n'en soient assurément pas là, il est significatif de lire ceci dans *Le Retour de l'Esprit,* de K. et D. Ranaghan (éd. du Cerf) : « ... le rôle du leader [de l'initiateur] devient crucial (...). Or c'est à des gens qualifiés pour cela qu'il faut vous adresser. Eux jugeront si votre demande est acceptable.

« Le rite sera ensuite pratiqué soit par un seul, soit par plusieurs, soit par toute la communauté. On l'accompagnera d'une prière d'invocation, ou d'exclamations ou de bruits indistincts (!!).

« Il doit en résulter, normalement, une infusion de charismes. »

On a donc là très clairement énoncées les deux conditions requises pour qu'une initiation soit valide, en bonne doctrine guénonienne : la « qualification » et la transmission rituelle d'une influence « spirituelle ». Ce n'est pas sans raison que le père Calmel a pu parler d'une « nouvelle forme de sorcellerie qui se réclame de l'Esprit-Saint ». Le fait que cette sorcellerie ait été très largement préfigurée par les étranges cérémonies paramaçonniques du Grand Cophte nous laisse quelque peu songeur...

L'inauguration de la Loge Mère du Rite Égyptien eut lieu le 26 décembre 1784. Un mois plus tard, Cagliostro et Serafina quittaient Lyon, à la consternation des dévots. Après l'intermède parisien que l'on sait, c'est à Rome même qu'allait s'achever la mission spirituelle du prophète de la Révolution.

IX

Le martyr de la Liberté

Vers la fin de 1789, ayant laissé la France aux mains des révolutionnaires, le couple Cagliostro rentra dans les États du pape. Au vrai, ce retour constitue peut-être le plus extraordinaire, le plus abyssal, le plus ténébreux mystère de la « queste » infernale du Grand Cophte. Qu'il ait voulu circonvenir le pape, ce n'est pas douteux, toute sa doctrine l'atteste. Mais sa présence à Rome était-elle pour autant indispensable ? Et surtout, la maladresse qui présida à ses travaux d'approche était-elle compatible avec l'habileté diabolique manifestée jusque-là par Cagliostro ? Tous les historiens sérieux se sont étonnés. Frances Mossiker écrit par exemple, après avoir rejeté à juste titre l'hypothèse selon laquelle la nostalgie éprouvée par Serafina eût suffi à ramener le couple dans la Ville Éternelle :

« La plus convaincante [hypothèse] serait plutôt que, l'acteur n'acceptant ni de descendre du rang de vedette à celui de figurant, ni de renoncer à paraître sur les planches, opta pour le rôle de cadavre, car, dans ce cas, la seule clause du contrat était qu'il occupât le centre de la scène. »

Cette hypothèse du « martyre » volontaire — notion

très « frankiste » — se trouve confortée par un disciple zélé et bailleur de fonds de Cagliostro, le banquier suisse Jacques Sarrasin. A un certain d'Estillac qui lui demande que faire, lorsque Cagliostro est emprisonné, il répond : « Il ne faut pas que le plus faible se mêle des affaires du plus fort qui a voulu de propos délibéré se trouver en telle circonstance et en nulle autre. Tel est mon principe, et s'il y avait un pas à faire ou un écu de six francs à dépenser pour cela, je n'en ferais rien car j'ai appris à mes dépens que je ne ferais qu'une solennelle inutilité. (...) L'intérêt que je prends à la personne en question [Cagliostro] n'est pas de ce monde. Au contraire, je suis convaincu qu'il y sera toujours malheureux, parce qu'il le veut et doit l'être ; sans quoi il aurait eu le choix d'être bien. »

Cagliostro, lui qui voulait fonder une nouvelle religion, marchait donc au martyre, parodiant ainsi le sacrifice du Christ sur la croix. Mais la part qui revint à l'« entité » qui le guidait ne fut-elle pas prépondérante, décisive, dans ce choix ? Et lorsque tout fut consommé, ne l'abandonna-t-elle pas ? D'autres se sont posés la question, et en particulier Jean Reyor *(op. cit.) :* « Quelle que fût "l'entité" dont la superposition à l'individualité de Balsamo avait "donné naissance" au comte de Cagliostro, il semble bien qu'elle abandonna son support au moment où il fut arrêté à Rome et probablement un peu avant. » Constantin Photiadès, que cite Jacques de Boistel *(op. cit.),* écrit de son côté : « L'homme que l'Inquisition gardait sous clef au château de Saint-Ange n'était plus que le fantôme de celui qui attendait naguère avec une juste confiance l'arrêt du Parlement. »

Les motifs de l'arrestation de Cagliostro ? D'abord, sans doute, ses provocations, parmi lesquelles la plus tristement fameuse de toutes ses « opérations » magiques. Elle eut lieu à Rome même et en dit long sur la nature de l'esprit qui inspirait les « colombes ». Un spectateur digne de foi, l'abbé Luca Antonio Benedetti, avocat à la Curie, nous a laissé dans ses *Mémoires* ce compte rendu de la séance du 15 septembre 1789 que nous citons scrupuleusement :

« J'ai dû assister à une réunion présidée par Cagliostro à la villa Malta [résidence d'été des ambassadeurs de Malte, comme par hasard !], n'ayant pu résister aux prières de la marquise M.P. qui me voulait absolument pour son « cavaliere ».

« Nous sommes arrivés environ à deux heures du matin. Un laquais, après avoir reçu nos cartes, nous introduisit dans une salle magnifiquement éclairée, dont les murs étaient couverts de dessins et d'emblèmes : le triangle, la perpendiculaire, le niveau et autres symboles. Il y avait aussi des statues d'idoles assyriennes, égyptiennes et chinoises. Sur le mur du fond et en gros caractères :

Sum quidquid fuit, est et erit,
Nemoque mortalium mihi adhuc
Velum detraxit.

« La salle était remplie de personnes distinguées et même de personnages de haut rang.

« Imaginez ma merveille, quand je reconnus au milieu de l'assemblée l'Éminentissime Bernis, ambassadeur du roi T.C. et, à son côté, la princesse Santa Croce. Un peu plus loin étaient assis le prince Frederico Cesi, l'abbé Quirino Visconti, le baron de Breteuil, ambassadeur de Malte et une infinité d'autres personnages et de grandes dames, notamment la princesse Rizzonico della Torre avec son cousin, la comtesse Soderini, le marquis Vivaldi, avec son secrétaire le prêtre Tanganelli (*notus lippis et tonsoribus,* pour toutes sortes de fourberies), le bailli de Malte Antinori, le marquis Massini et un capucin français.

« Au fond de la salle, sur un autel, on voyait, rangés en lignes, des têtes de morts, des singes empaillés, des serpents vivants renfermés dans des manchons de verre, des chouettes qui roulaient des yeux phosphorescents, des parchemins, des creusets, des ballons de verre, des amulettes, des paquets de poudre et autres diableries. »

Cagliostro, juché sur un trépied, pérora d'abondance sur lui-même, sur sa science, ses mystères, se disant immortel, *« antédiluvien »* et tout-puissant.

Une brève digression s'impose ici : à la lumière de ce que nous avons dit plus haut, ce discours pourrait ne point relever seulement de l'« hénaurme » charlatanisme d'un jongleur de foire — ce que n'était d'ailleurs pas Cagliostro. Et s'il faisait tout simplement allusion à cette entité qui l'habitait ? Elle serait effectivement immortelle puisque, nous le savons, l'agrégat psychique en question perdure identique à lui-même de siècle en siècle et de support en support. Antédiluvien ? Cela ne fait-il pas référence à la fameuse Tradition Primordiale chère à René Guénon ? D'autre part, selon la Genèse, n'est-ce pas la corruption issue de la chute des anges rebelles qui provoque le Déluge ? Revendiquer un héritage antédiluvien, n'était-ce pas, pour Cagliostro, avouer que son entreprise subversive était précisément animée par le germe ontologique de toute corruption ? Fermons la parenthèse et retrouvons le Grand Cophte, qui pontifie dans le salon de la villa Malta.

Pour exhiber les pouvoirs dont il vient de parler, il fait monter sur l'estrade une fillette à qui, comme à l'accoutumée, il ordonne de regarder dans une carafe de cristal pleine d'eau. La « colombe » déclare alors qu'elle voit sur une route menant d'une grande ville à une ville voisine, une foule immense d'hommes et surtout de femmes qui marchent en criant : « A bas le roi ! » Cagliostro ayant demandé à la colombe de quel pays ils étaient, l'enfant répondit qu'elle entendait le peuple crier : « A Versailles ! », et qu'elle apercevait, en tête de la foule, un grand seigneur.

« Ma pupille dit vrai, s'écria Cagliostro. Peu de temps s'écoulera avant que Louis XVI ne soit assailli par le peuple dans son palais de Versailles... Un duc conduira la foule... La monarchie sera renversée... La Bastille rasée... La liberté succédera à la tyrannie. » (Rappelons que la séance eut lieu le *15 septembre* 1789, et que le *5 octobre* suivant, le peuple, *sous la conduite du duc d'Aiguillon,* marchait sur Versailles.)

— Oh ! s'écria le comte de Bernis, quels tristes présages au sujet de mon roi !

— Je le regrette, mais ils se réaliseront, répondit Cagliostro d'une voix grave.

— Je n'en sais rien... nous verrons bien... reprit d'un ton nerveux l'Éminentissime en se rasseyant. »

Mais l'abbé Benedetti ne borne pas à cette étonnante prédiction son compte rendu de la séance à la villa Malta. Il écrit aussi que Cagliostro fit des « miracles », changeant en particulier de l'eau en vin d'Orvieto. Et cette *parodie* du miracle des Noces de Cana revêt un caractère particulièrement sinistre. Pourtant, deux des invités, enthousiasmés, demandèrent à être initiés sur-le-champ au Rite Égyptien : le marquis Vivaldi et, hélas, le capucin français, qui avait nom Saint-Maurice.

Mais la Roche Tarpéienne est proche du Capitole...

Selon Déodat de Dolomieu, de l'Ordre de Malte, Cagliostro fut arrêté « pour avoir essayé d'introduire à Rome la secte des Illuminés ». D'après Gagnière, une profession de foi qu'il adressa aux états généraux, à ses FF∴ et en particulier au duc d'Orléans, à l'abbé Grégoire et à Barère de Vieuzac, fut interceptée le 24 décembre 1789 par la police pontificale. De surcroît, sa femme qui, dans le milieu familial retrouvé, abjure le culte d'Isis pour se prosterner aux pieds de la *Santissima Madonna del Carmine,* semble le « trahir ». C'est Dom Giuseppe Tosi, curé de Santa Caterina della Ruota, qui, sur l'ordre de la congrégation du saint office, recueillera les déclarations que Serafina estimait « indispensables au repos de sa conscience ».

Elles sont d'une gravité telle que, le dimanche 27 décembre, la congrégation est réunie au grand complet. Fait exceptionnel, le pape se rend lui-même chez le secrétaire d'État, le cardinal espagnol Zelada. « Sa Sainteté a voulu intervenir en personne, ce qui est sans exemple depuis des années », note le ministre de Sardaigne à la Cour de Rome. L'arrestation de Cagliostro est ordonnée sur-le-champ. Il est incarcéré au château Saint-Ange, avant d'être transféré à San Leo, tandis que Serafina est conduite au couvent de Santa Apollonia, où l'on perd sa trace.

Le 7 avril 1791, en présence du pape Pie VI, Cagliostro, la tête couverte d'un voile noir, écoute la sentence suivante :

« Giuseppe Balsamo, atteint et convaincu de plusieurs délits et d'avoir encouru les censures et peines prononcées contre les hérétiques formels, les dogmatisants, les hérésiarques, les maîtres et disciples de la magie superstitieuse, a encouru les censures et peines établies tant par les lois apostoliques de Clément XII et de Benoît XIV, contre ceux qui de quelque manière que ce soit, favorisent et forment des sociétés et conventicules de francs-maçons, que par l'Édit du Conseil d'État porté contre ceux qui se rendent coupables de ce crime à Rome ou en tout autre lieu de la domination pontificale. Cependant, à titre de grâce spéciale, la peine qui livre le coupable au bras séculier [la mort] est commuée en prison perpétuelle dans une forteresse où il sera étroitement gardé, sans espoir de grâce et après qu'il aura fait l'abjuration, comme hérétique formel, et on lui prescrira les pénitences salutaires auxquelles il devra se soumettre. »

Le 16 avril 1791, il était transféré, disions-nous, à la forteresse de San Leo, dans les Marches. Le cardinal Zelada avait écrit au cardinal Doria, légat d'Urbino :

« Giuseppe Balsamo, dit le comte de Cagliostro, sera transféré sous peu dans cette forteresse pour y être confiné jusqu'au terme de sa vie naturelle, sous une surveillance étroite, et sans espoir de grâce. Par ordre exprès de notre Seigneur, je vous en avise directement pour deux motifs : le premier afin que ce personnage soit écroué par vous dès l'instant de son arrivée sous escorte militaire. (...) Le second parce que Sa Sainteté entend formellement vous tenir responsable à l'avenir de la garde exacte et rigoureuse de ce détenu, lequel ne doit parler à personne ni avoir en sa possession, sous aucun prétexte, un moyen quelconque d'écrire. Pour le surplus, c'est-à-dire pour sa nourriture et ses habits, appliquez-lui le traitement et règlement en usage parmi les prisonniers. Si ce régime vous paraissait par trop sévère, veuillez m'en informer et m'en dire votre sentiment, car le Saint Père désire que le détenu Cagliostro soit traité avec charité. »

De fait, si la forteresse est lugubre, le régime de Cagliostro n'est pas inhumain : une tasse de chocolat le matin, une soupe à midi, accompagnée de trois plats chauds et de fruits, le soir, un potage épais et un dessert. « Il engouffre trois miches de pain par jour et boit plus de quatre litres de vin », rapporte Raymond Silva *(op. cit.)*. Pour le reste, il traverse des phases d'exaltation et d'abattement. Enfin, il mourut le 26 août 1795 à 3 heures du matin. Son corps fut enterré dans un terrain vague de la forteresse, la sépulture religieuse lui ayant été refusée.

En 1797, lorsque les États du pape furent envahis par l'armée française, des officiers recherchèrent Cagliostro, considéré comme un martyr de la Liberté. « Ils pensaient le délivrer, écrit Figuier, et peut-être même lui faire une ovation semblable à celle qui, à Paris, l'avait accueilli après son acquittement par le Parlement dans l'Affaire du Collier. Mais ils arrivaient trop tard : Cagliostro, leur dirent les geôliers, était mort récemment. »

Selon une version plus macabre, les officiers demandèrent à se rendre sur sa tombe et, après avoir exhumé son squelette, emplirent son crâne de vin et portèrent un toast à la mémoire du martyr de la Révolution française...

Naturellement, la légende s'empara de la mort du Grand Cophte et, significativement, les occultistes, en la personne d'Éliphas Lévi, et les théosophistes, en celle d'Helena Blavatsky, lui attribuèrent une survie miraculeuse. Selon le premier, « Dans sa prison, Cagliostro demanda à se confesser et désigna lui-même le prêtre, c'était un homme à peu près de sa tournure et de sa taille. Le confesseur entra et au bout de quelque temps on le vit ressortir ; quelques heures après, le geôlier, en entrant dans la prison du condamné, y trouva le cadavre d'un homme étranglé, ce cadavre défiguré était couvert des habits de Cagliostro ; on ne revit jamais le prêtre.

« Des amateurs de merveilleux assurent que le Grand Cophte est actuellement en Amérique, et qu'il y est le pontife suprême et invisible des croyants aux esprits frappeurs. » (Éliphas Lévi écrivait en 1860, mais nous allons voir que ce nouveau « pontificat » de Cagliostro semble s'être prolongé de curieuse manière au moins jusqu'au début du XXe siècle.)

Quant à Mme Blavatsky, elle prétend que Cagliostro, après son évasion, avait gagné la Russie, où il résida quelque temps chez le propre père de la fondatrice de la Société Théosophique ! Elle assure même l'avoir vu provoquer en plein hiver l'apparition d'une assiettée de fraises fraîches pour satisfaire le caprice d'un malade. (La malice des choses voulut que, selon d'autres « survivantistes », la ci-devant comtesse de La Motte, son ancienne complice, soit morte en Russie — plus précisément en Crimée — en 1826, et non pas à Londres en 1791 comme le veut l'histoire officielle.)

Mais au-delà de ces légendes, il nous reste à examiner un très singulier épisode de l'histoire occulte, dont les conséquences — pour aussi déconcertant que cela puisse paraître — n'ont pas fini de se faire sentir.

X

La chaîne de la Tradition

Au début de 1908, quelques membres parisiens de l'Ordre Martiniste réunis dans un hôtel du 17 de la rue des Canettes, près de Saint-Sulpice, bénéficièrent de communications spirites par « écriture automatique ». « Or, nous dit Paul Chacornac (*La Vie simple de René Guénon,* éd. Traditionnelles, 1958), un certain jour, ils reçurent l'ordre d'y amener Guénon. Dans les communications qui suivirent (...), l'"entité" qui se manifestait enjoignit aux assistants de fonder un "Ordre du Temple" dont Guénon devrait être le chef », et qui comprenait *sept* grades : Chevalier du Temple, Prince de la Nouvelle Jérusalem, Rose-Croix égyptien, Chevalier de garde de la Tour intérieure, Adepte hermétique, Kadosh templier, Grand Commandeur du Temple.

Toujours au cours de ces réunions spirites, se manifestaient Jacques de Molay, Weishaupt, Frédéric II et... Cagliostro. Robert Amadou, dans la revue *Le Sphinx,* a publié des comptes rendus de ces séances. Leur apparente incongruité ne doit surtout pas nous dissuader de les examiner de près. C'est que Guénon, en effet, a lui aussi servi de « support » à une ou plusieurs entités. L'aveu qu'il en fit à Luc Benoist, un conservateur de musée de ses amis, dans une lettre du 17 juin 1934, est on ne peut plus explicite : « Chaque fois que je me suis servi ainsi d'autres signatures, il y a eu des raisons spéciales, et cela ne doit pas être attribué à *R.G.,* ces signatures n'étant pas simplement des "pseudonymes" à la manière "littéraire", mais représentant, si l'on peut dire, des "entités" réellement distinctes. »

Il l'avait d'ailleurs déjà publiquement laissé entendre en répondant en 1932 à un collaborateur de la *Revue Internationale des Sociétés Secrètes* chère à Mgr Jouin : « [...] et nous ajouterons même que nous ne voyons pas du tout pourquoi nous serions obligé de vivre toujours dans la peau d'un même personnage, qu'il s'appelle "René Guénon" ou autrement... » ; et il ajoutait peu après : « [...] nous leur dirons seulement qu'il n'y a aucun intérêt à s'occuper d'un nom qui ne représente pour nous rien de plus qu'une... signature, et auquel nous donnons tout juste autant d'importance qu'au vêtement que nous portons ou à la plume avec laquelle nous écrivons [...]. »

Comment ne pas rapprocher ceci des paroles suivantes de Cagliostro, extraites de son *Mémoire justificatif :* « Mon nom, celui qui est à moi et de moi, celui que j'ai choisi pour paraître au milieu de vous, voilà celui que je réclame. Celui dont on m'appela à ma naissance, celui qu'on m'a donné dans ma jeunesse, ceux sous lesquels, en d'autres temps et lieux, je fus connu, je les ai laissés, comme j'aurais laissé des vêtements démodés et désormais inutiles. »

Non, décidément, de Cagliostro à Guénon, la chaîne de la « Tradition Primordiale » ne s'était pas rompue... Écoutons donc ce que le premier dit au second, à l'occasion de leur peu banale « rencontre », rue des Canettes.

Cagliostro, six siècles après la destruction de l'Ordre du Temple, déclare que le temps du « châtiment complet » est arrivé et que « le pape doit tomber comme est tombé le roi de France ». L'objectif final de l'Ordre reconstitué par Guénon ? « Le Saint Empire synarchique ». Redisons-le encore : on aurait grand tort de croire que cet épisode pour le moins troublant ne revêtit qu'un caractère marginal, anecdotique, dans la carrière de René Guénon, le « pape de l'ésotérisme » dont certains catholiques — jusques et y compris chez les traditionalistes — n'hésitent pas à chanter les louanges. Tout d'abord, l'un de ses disciples les plus intransigeants, M. Charles-André Gilis, prend cela très au sérieux. Pour lui, et nous sommes prêt à lui donner raison : « L'Ordre du Temple Rénové fut, sans doute possible, le lieu privilégié où son œuvre prit naissance. » (*Introduction à l'enseignement et au mystère de René Guénon,* les Éditions de l'Œuvre, 1985.)

Ceci est d'autant plus « intéressant » que toujours selon M. Gilis, « la “convocation” *[sic]* adressée dans l'œuvre de Guénon au monde occidental n'était pas faite au nom d'une sagesse ou d'une religion déterminée ; elle émanait directement de la Vérité immuable (...) » — autrement dit du « culte le plus pur de la divinité » cher à Coménius. Ce qui est de surcroît en conformité parfaite avec les grandiloquentes déclarations du Grand Cophte. Enfin, M. Gilis — explicitant le refus de l'Incarnation formulé par Cagliostro et Guénon — ne craint pas d'écrire que « le Christianisme lui-même, si paradoxal que cela puisse paraître, n'a pas été fondé par le Messie », et qu'il constitue une hérésie formelle au point de vue du judaïsme... Si cette affirmation aussi monstrueuse que gratuite avait besoin d'être démentie, il faudrait redire que selon la Tradition de l'Église, le corps vivant de celle-ci, à l'image d'Ève tirée du côté d'Adam, est sorti du Cœur de Jésus transpercé par la lance du centurion Longin.

« Toutes les notes et propriétés de cette Église visible sont dues à la vertu de ce Cœur blessé. *Son unité :* toute la tradition place le centre de l'unité dans le côté de Jésus ; « cette porte, dit le B. Bède, par laquelle sont entrés tous les prédestinés, signifie l'unité même de la foi, sans laquelle on ne peut entrer dans l'Église : "Un seul Maître, une seule foi, un seul baptême, un seul Dieu"... Car elle préfigurait la porte ouverte par la lance du soldat par laquelle sortirent sang et eau ; c'est par ces sacrements que chaque fidèle est reçu dans le sein de la Sainte Église, comme dans l'intérieur de l'Arche. » (Hexam., L. XII, L. XIII.) — *Sa sainteté :* « A l'heure où furent répandus de son côté le sang et l'eau, dit Rupert, à la même heure tout son corps, qui est l'Église, autant qu'elle s'était accrue jusqu'à ce moment, fut en une fois et ensemble baptisée, purifiée et toute blanche de neige. » (*De Div. officiis,* L. VI, c. XXXV.) — *Sa catholicité et sa pérennité :* « Du sang et de l'eau sortis de son Côté, le Christ ne cesse de développer l'Église glorieuse, sans tache, sans ride, d'ores et déjà jusqu'à la fin des siècles. » (*In Gen.* L. II ch. XXXVII.)

« Tous les pouvoirs du Pape dérivent ainsi de la navrure du divin Cœur : pouvoir d'ordre, magistère de vérité, pouvoir des clefs. "La pointe de la lance qui a ouvert le Cœur de Jésus crucifié, disait en 1625 le P. Jérôme Petrucci, devant le Pape Urbain VIII et toute la Cour pontificale, a été changée en Clef, et celle-ci nous invite à aller à la porte de la vie [...]." (*Lyreus, Imit. Jesu pat.* L. V). » (Abbé Édouard Martin, « Catéchisme du Sacré-Cœur », in *Regnabit,* octobre 1927.)

Mais revenons à la démonstration de M. Gilis.

Pour en arriver à de si choquantes conclusions — mais tellement conformes là encore à la « doctrine » de Cagliostro —, il articule ainsi son argumentation, dont nous respectons la terminologie « ésotérique ». Pour lui, le statut du Christ « ressuscité » est fondamentalement différent de celui du Christ « incarné ». La mission de ce dernier est située tout entière au sein du judaïsme, la « révélation christique » étant ainsi ravalée au rang de « voie initiatique nouvelle au sein de cette religion », et les sacrements fondés par le Christ « ayant dès lors nécessairement le caractère de rites ésotériques ». Tout au plus M. Gilis accorde-t-il au Fils de Marie, « en tant que Messie, un pouvoir législatif dont l'exercice devait aboutir à une certaine "transformation" du Judaïsme, destinée à le rendre apte à servir de support à une fonction divine moins particulière que celle qui s'était manifestée en relation avec la notion de "peuple élu". »

Après l'échec de cette mission, due au refus des Juifs de la reconnaître, se situe, toujours selon M. Gilis, une phase intermédiaire, celle du « Judaïsme chrétien », après la mort de Jésus. Phase qui avait été « délibérément et providentiellement occultée par les représentants du Christianisme romain ». Et c'est ici qu'intervient le statut du Christ « ressuscité » [les guillemets sont de M. Gilis]. La mission du Messie étant définitivement achevée, nous assure-t-on, « la constitution du Christianisme en tant que forme traditionnelle distincte du Judaïsme, ne sera pas opérée par la deuxième Personne de la Sainte Trinité, mais bien par la troisième. Dès lors, il ne s'agit plus d'un Envoyé ayant "pris chair" et exécutant un mandat divin précis, mais uniquement d'un "Inspirateur". » On admirera au passage avec quelle condescendance M. Gilis attribue au Saint-Esprit un rôle somme toute assez subalterne, et qui, prenons-y garde, affuble le christianisme d'un statut « dérogatoire ». De là à n'y voir qu'une simple hérésie, relativement à la Tradition Primordiale !...

Dans cette logique, toutes les paroles du Christ ressuscité ne peuvent en aucun cas être prises à la lettre ; elles n'ont de valeur qu'ésotérique. Il en est ainsi de cette exhortation : « Allez donc, faites des disciples de toutes les nations, les baptisant au nom du Père, du Fils et du Saint-Esprit et leur apprenant à observer tout ce que je vous ai prescrit. » Refusant absolument (et pour cause !) d'y voir une injonction adressée aux Apôtres « d'entreprendre une prédication de type missionnaire dans toutes les nations de l'univers », M. Gilis considère que les nations dont il est ici question « ne sont pas celles de l'univers en tant que telles ; elles ne sont pas non plus, comme on l'a prétendu à tort, les nations comprises à l'intérieur de l'Empire romain ; il s'agit en réalité des nations auxquelles s'étaient intégrées des communautés juives dans le cadre de la diaspora antérieure à celle qui suivit la destruction du Temple de Jérusalem (...). »

Seulement, un grain de sable vient enrayer la belle mécanique de M. Gilis, qui arrange les citations bibliques selon les nécessités de sa démonstration. L'Évangile dit en effet : « Allez dans le monde entier, proclamez l'Évangile à toute la création (ou à toute créature). » (Marc XVI, 15.) Ce qui désigne manifestement l'ensemble de l'humanité. (Voir Col I, 23 : « à toute créature qui est sous le ciel ».) Quant à la Pentecôte, c'est à se demander si M. Gilis a lu les Actes des Apôtres (II, 8-11)

— lui qui suggère que tous ceux qui assistent à la descente de l'Esprit Saint sur les Apôtres sont des Juifs. Rappelons-lui en effet ce que dit l'Évangile : « Comment donc les entendons-nous chacun dans notre langue maternelle ? Parthes, et Mèdes, et Élamites, et habitants de la Mésopotamie, de Judée et de Cappadoce, du Pont et de l'Asie, de Phrygie et de Pamphylie, d'Égypte et de la région de la Libye voisine de Cyrène, et *Romains résidant ici, Juifs et prosélytes, Crétois et Arabes,* nous les entendons parler dans nos langues des grandeurs de Dieu ! » Citons encore ce passage, non moins explicite : « Il en viendra d'Orient et d'Occident lesquels seront à table dans le royaume des cieux avec Abraham, Isaac et Jacob, pendant que les fils d'Abraham seront jetés dans les ténèbres. » (Matt., VIII, 11.) Tout commentaire est évidemment superflu, et nous ajouterons simplement que pour le chanoine Osty, « selon une tradition rabbinique, quand Yahvé donna la Loi, sa voix fut entendue de toutes les nations qui sont sous le ciel ». Ce qui, en l'occurrence, ne saurait viser les seuls Juifs de la diaspora ! Peut-être M. Gilis sera-t-il plus sensible à cette tradition — confortant le sens d'une hyperbole courante — qu'aux paroles de l'Évangile...

Quoi qu'il en soit, toute son exégèse « ésotérique » s'écroule dans un fracas babélique... et nous le laisserons gloser sur la « sortie » du christianisme hors de sa matrice juive, supervisée par « l'Autorité traditionnelle (?) qui, depuis la Pentecôte, avait été substituée à celle du Christ ». Un dernier mot, relativement à ce passage des Actes (XVI, 6), dont les ésotéristes d'obédience guénonienne, parmi lesquels M. Gilis, ont voulu tirer des conclusions mirifiques sur l'universalisme « traditionnel » : « Ils traversèrent la région phrygio-galatique, le

Saint-Esprit les ayant empêchés d'annoncer la Parole en Asie. » Nos ésotéristes veulent voir ici la limite assignée par la fameuse « Autorité traditionnelle » à l'aire d'expansion du christianisme — qui ne saurait bien sûr empiéter sur les sacro-saintes prérogatives de « traditions » bien plus proches que lui de la Tradition Primordiale... En fait, comme le dit très simplement le chanoine Osty : « Par "Asie", il faut entendre la province d'Asie, dont la capitale était Éphèse. Paul y fera plus tard un très long séjour. »

Mais il est grand temps de retrouver, justement, cette Tradition Primordiale ou ce « culte le plus pur » prêché par Coménius, voués à la destruction du catholicisme, et dont Cagliostro et Guénon furent des sacerdotes éminents — dûment mandatés et préparés pour cela, comme le rappelait M. Gilis pour ce qui concerne Guénon.

Si, par l'intermédiaire de ce dernier, allait se développer au nom de l'ésotérisme oriental une redoutable attaque contre le catholicisme, ce même catholicisme allait être conjointement attaqué « de l'intérieur », et subverti dans ses plus hautes sphères, comme l'avait d'ailleurs annoncé la Sainte Vierge, particulièrement à La Salette et à Fatima. Et la « malice des choses » voulut que le nom de Cagliostro fût encore mêlé à cette ténébreuse affaire.

En 1976 paraissait à Rome un livre de l'ésotériste Pier Carpi, qui allait faire un certain bruit et susciter des réactions de *L'Osservatore romano* et de Radio Vatican : *Les Prophéties du pape Jean XXIII* (éd. Jean-Claude Lattès/Williams pour la traduction française).

L'auteur y relatait sa rencontre — à la forteresse de San Leo di Montefeltro, en Romagne, où fut emprisonné Cagliostro — avec un mystérieux vieillard, initié de la

Rose-Croix et qui, après avoir apporté des précisions sur l'action occulte de Cagliostro, faisait une stupéfiante révélation, relativement à l'initiation de Mgr Roncalli, en 1935 en Turquie, alors que le futur Jean XXIII était nonce apostolique en ce pays. Il aurait été contacté lui aussi par un non moins mystérieux vieillard qui le fit entrer dans un ordre d'obédience rosicrucienne et templière. C'est au sein de cet ordre que Mgr Roncalli choisit son *nomen mysticum :* Johannes ; et c'est après son initiation que « Johannes », investi par un « esprit », parla, nous dit l'informateur de Pier Carpi, « d'une voix qui n'était pas la sienne ». Ces prophéties, puisque c'était bien de cela qu'il s'agissait — furent consignées par écrit, et en partie communiquées à Pier Carpi.

Redisons-le : ce qui de prime abord apparaît comme un mauvais roman, ou une invention de journaliste en mal de copie, a tout de même suscité des mises au point au plus haut niveau. Ce qui eût été inutile et très maladroit s'il se fût agi d'une mystification pure et simple. Mgr Capovilla, l'ancien secrétaire particulier de Jean XXIII, crut bon de préciser que dans l'agenda de Mgr Roncalli, on ne touve aucune trace d'une quelconque rencontre avec des membres d'une société secrète. Ce haut prélat manifeste en l'occurrence une certaine naïveté, car c'est le contraire qui eût été bien étonnant !

Avant de donner les raisons qui nous font accorder crédit à la thèse de l'initiation de Jean XXIII, examinons brièvement quelques *faits.* Tout le monde sait que son pontificat vit un spectaculaire rapprochement entre l'Église et la Franc-Maçonnerie. On sait moins, peut-être, que Mgr Roncalli, nonce à Paris, recommanda pour le poste de ministre de l'Ordre de Malte dans la capitale, le baron Yves Marsaudon, franc-maçon de haut grade qui devait écrire plus tard un livre intitulé *De l'initiation maçonnique à l'orthodoxie chrétienne* (éd. Dervy, 1965). On pouvait y lire entre autres cet intéressant passage (p. 70) : « Malgré des contacts courtois avec des esprits éminents de l'Église Romaine, l'ensemble de l'édifice monolithique, bâti un peu présomptueusement par leurs devanciers, nous rebutait. Le manque d'aération spirituelle, les promulgations qui transformaient de vénérables traditions en dogmes obligatoires, enfin l'impossibilité de faire coïncider l'idéal maçonnique, intangible pour nous, et l'idéal chrétien déformé par l'absolutisme, nous éloignaient de plus en plus de la religion de nos aïeux.

« Cet état d'esprit n'exclut d'ailleurs pas le “respect” dont a parlé Charles Riandey pour l'Église Romaine. La Tolérance maçonnique nous y oblige d'ailleurs. (...)

« Quoi qu'il en soit, c'est de plus en plus vers l'Orthodoxie que nous étions attiré. Au cours d'une des nombreuses conversations que nous eûmes avec le futur pape Jean XXIII, nous fûmes amené à lui confier nos soucis religieux. “L'Esprit souffle où il veut”, telle fut sa seule réponse. »

Également fort éclairant, ce passage concernant Vatican II (p. 121) : « Comme de nombreux chrétiens, appartenant ou non à une Église organisée, nous avons suivi les travaux des deux premières sessions de Vatican II avec espoir et, pourrions-nous ajouter, avec conviction, d'autant plus qu'ayant eu l'insigne honneur de nous entretenir des questions œcuméniques avec celui qui n'était alors que Mgr Roncalli, Nonce Apostolique à Paris, nous savions parfaitement que ses idées personnelles permettaient d'augurer des lendemains non seulement prometteurs, mais riches en réalisations et ceci sans aucune restriction mentale et envers et contre tous les intégrismes voilés ou non. » Les idées personnelles de Jean XXIII ? Toujours selon le baron Marsaudon, ministre émérite de l'Ordre Souverain de Malte, et ministre d'État du Suprême Conseil du Rite écossais pour la France : « Dialogue d'abord, fusion complète ensuite »... Pouvait-on être plus clair ? Il y avait là en tout cas de quoi combler les vœux du baron Marsaudon, lui qui avait eu la franchise de déposer, à la Chancellerie du Grand Magistère de l'Ordre de Malte, à Rome, en même temps que des armoiries, sa devise personnelle : *« Ad dissipata colligenda »* — c'est-à-dire : « Rassembler ce qui est épars » — célèbre formule maçonnique... (Cf. *op. cit.* p. 39.)

Enfin, Jacques Ploncard d'Assac (*Le Secret des Francs-Maçons,* éd. de Chiré, 1979) se livre, relativement à Jean XXIII, à de pertinentes réflexions :

« Il y a, dans le *Journal d'une âme* de Jean XXIII, une page que l'on a rappelée depuis la publication du livre de M. Carpi, et qui est bien singulière. Elle fut écrite sur la fin de sa vie par le pape Jean XXIII :

"Savoir se contenter de l'apostolat de chaque jour et *ne pas perdre de temps à pronostiquer l'avenir.* Il nous suffit de nous occuper du présent. Il ne convient pas de déployer notre fantaisie et de nous mettre martel en tête pour la construction de l'avenir. Le Vicaire du Christ sait ce que le Seigneur attend de lui. Le pape ne doit pas aller se mettre devant le Christ pour lui donner des conseils et lui imposer des projets d'avenir."

« On dirait, commente M. Ploncard d'Assac, que Jean XXIII rejette une tentation ancienne. Fut-il abordé, tenté, en Turquie ou en Grèce, par une société secrète gnostique ? Perçut-il l'erreur où il s'engageait ? Reconnut-il que c'était "perdre son temps" que de "pronostiquer l'avenir" ? En tout cas, la réflexion du *Journal d'une âme* n'est ni banale, ni gratuite. »

Certes. Mais les sceptiques pourront encore trouver qu'il s'agit d'une interprétation un peu forcée. C'est pourquoi nous devrons rechercher dans le livre de Pier Carpi, d'autres indices. Il en est un qui prend pour nous un relief particulier : Au vieillard rencontré à San Leo, Pier Carpi déclare avoir reçu quelque temps auparavant la visite d'un inconnu qui lui a remis des documents sur Cagliostro et qui lui ressemblait étrangement. Ce à quoi le vieillard répond : « Nous avons tous le même visage — il est le miroir de notre maître. » Comment ne pas rapprocher cette troublante déclaration des propos de Guénon relatifs aux « Supérieurs Inconnus » que nous avons cités plus haut : « Les individualités, ici, revêtent un caractère essentiellement symbolique ; elles ne sont rien par elles-mêmes, en dehors de ce qu'elles représentent, et cela à tel point qu'*elles n'ont pas même une physionomie qui leur appartienne en propre*. »

Il est enfin un autre indice important : l'interlocuteur de Pier Carpi déclare en effet que dans la tradition à laquelle il se rattache, et contrairement aux sociétés secrètes subalternes plus structurées, « les Inconnus, les Supérieurs, restent libres, seuls. Grâce à une chaîne jamais interrompue, ils possèdent le pouvoir initiatique transmis par les maîtres du passé. Ils sont libres, ensuite, d'initier qui bon leur semblera, et quand ils le voudront. Le Supérieur Inconnu est d'ailleurs seul avec le futur initié lors de la cérémonie de passation du savoir. » Cette précision « technique » dont on voit mal — comme la précédente d'ailleurs — qu'elle pût aider à une mystification destinée au grand public, prend tout son sens, là encore, si on la rapproche de considérations formulées par René Guénon à propos de l'initiation « en dehors de tout milieu défini », et qui en Islam relève d'*El-Khidr* (le Verdoyant), encore assimilé au Juif errant.

De toutes ces précisions qui, répétons-le, seraient sans utilité si l'objectif de l'auteur avait été une grossière entreprise de « désinformation », se dégage pour nous une intime conviction : Jean XXIII — dont le nom lui-même n'est d'ailleurs pas indifférent — fut bel et bien initié à la tradition templière et rosicrucienne. Qu'il s'en soit repenti à la fin de sa vie comme le laisserait croire le passage du *Journal d'une âme* cité plus haut, c'est ce que nous ne saurions déterminer. Il n'en demeure pas moins, hélas, des prophéties fort « sulfureuses », telle celle-ci :

« Ce n'est pas le temps d'un roi, ce ne l'a jamais été. Depuis la mort de Frédéric, chaque roi est usurpateur. Que le roi s'en aille, reste le peuple. » Pier Carpi (*op. cit.*, p. 143), commentant ce passage, déclare que le prophète y fait « une véritable démonstration de connaissance ésotérique, en se référant directement à la tradition occidentale, précisément à celle du Graal : depuis la mort de Frédéric tout roi est un usurpateur. La figure du roi, en fait, selon cette authentique tradition, n'est pas celle des monarques que nous connaissons, des rois des derniers siècles, tous usurpateurs d'une figure impériale (...). » Si l'on se rappelle ce que nous avons dit plus haut au sujet de cet « Imperium » païen hypostasié par le « Roi du Graal » ou le « Roi du Monde », on saisira toute l'importance et la gravité extrême de cette prophétie. Rien d'étonnant pour nous, dès lors, à ce que Pier Carpi ajoute : « ... les rois qui ont suivi ont tous été des usurpateurs, donc des despotes, sur lesquels s'est abattue, entre autres, la malédiction des Templiers, toujours clef symbolique. » En effet !...

Nous retrouvons ici le fameux signe secret de Cagliostro, LPD : *Lilia pedibus destrue* (« Foule aux pieds les lys »). Dès 1642, une médaille, que le député Grégoire présenta à la Convention, montrait sur une face un bras sortant des nues et moissonnant trois lys avec un glaive. La légende disait : *Talem dabit ultio messem* (« Telle est la moisson que donnera la vengeance »). Au revers, un autre bras lançait la foudre sur une couronne et un sceptre brisés, avec pour commentaire : *Flamma metuenda tyrannis* (« A l'aspect de ces feux, les tyrans trembleront »). Ceci pour les exégètes contemporains qui veulent nous faire croire que LPD — qui doit selon eux se lire LDP — signifie tout simplement « Liberté de passage », et n'a à voir avec les lys de France que dans l'imaginaire perturbé des antimaçons fanatiques !

Le thème de l'« usurpation » des Capétiens, par exemple, revient un peu trop souvent ces dernières années pour qu'il s'agisse là d'une pure coïncidence. Et certaines revendications « néo-mérovingiennes » ne laissent pas, dans ce contexte, de revêtir un aspect inquiétant.

En fait, la vengeance posthume de Cagliostro est tellement évidente, en ces temps d'œcuménisme anticatholique, qu'il n'est pas nécessaire d'y insister. Pas plus que sur l'ébauche, dessinée sous nos yeux, d'un nouvel « Imperium » exclusivement fondé sur la matière et ses prestiges, et qui sera comme le reflet inversé de la Chrétienté médiévale.

Il s'agira du « règne du Saint-Empire » attendu par la haute Maçonnerie, et dont les modalités sont explicitement formulées au 32e degré du Rite Écossais Ancien et Accepté (« Sublime Prince du Royal Secret »), correspondant en somme au pouvoir exécutif du Rite. La légende du grade rapporte l'existence d'un campement, où sont les tentes des frères des 5 + 3 + 5 + 7 + 9 = 29 degrés, qui devront partir à la conquête de Jérusalem. Écoutons le rituel :

« Cette concentration de l'armée franc-maçonnique a lieu quand le signal, qui est un coup de canon [il y en aura cinq au total] est donné par le chef qui en a le commandement suprême. Le premier coup de canon et la première concentration eurent lieu quand Luther se mit à la tête de la révolte de l'intelligence contre la Forme.

« Le deuxième coup de canon et la deuxième concentration eurent lieu quand l'affirmation que tout gouvernement humain tient son autorité du peuple et seulement du peuple, se produisit en Amérique.

« Le troisième coup de canon et la troisième concentration eurent lieu quand la proclamation de la doctrine de Liberté, Égalité et Fraternité eut lieu en France.

« Le quatrième et le cinquième coup de canon et la quatrième et la cinquième concentration n'ont pas encore eu lieu. A la cinquième concentration succédera le règne du Saint-Empire, c'est-à-dire le règne de la Raison, de la Vérité et de la Justice. »

Le rapprochement avec les « communications » qui présidèrent à la naissance de l'Ordre du Temple Rénové est d'autant plus significatif que Guénon, dans *L'ésotérisme de Dante* (éd. Gallimard), reprochait justement à certains Suprêmes Conseils écossais d'avoir éliminé l'expression de « Saint-Empire ». « Nous voyons là, ajoutait-il, l'indice d'une singulière incompréhension du symbolisme jusque dans ses éléments les plus fondamentaux [...]. » On ne saurait mieux dire ! Ni mieux définir les objectifs de la « Tradition Primordiale ».

C'est à l'avènement de cette pseudo-tradition et de son

cadre — l'*Imperium* maçonnique — que travailla Cagliostro le précurseur, le prophète de la Révolution. Mais à l'heure même où son obscur labeur semble trouver son couronnement, où l'Abomination s'apprête à régner sur le lieu saint, une Parole retentit dans les ténèbres :

« Voici que je viens bientôt, et ma rétribution est avec moi, pour rendre à chacun selon son œuvre. Je suis l'Alpha et l'Oméga, le Premier et le Dernier, le Principe et la Fin. Heureux ceux qui lavent leurs robes, afin d'avoir droit à l'arbre de la vie, et afin d'entrer dans la ville par les portes ! Dehors les chiens, les magiciens, les impudiques, les meurtriers, les idolâtres, et quiconque aime le mensonge et s'y adonne ! »

Table des matières

Achevé d'imprimer
par Corlet, Imprimeur, S.A.
14110 Condé-sur-Noireau

N° d'Imprimeur : 10323
Dépôt légal : octobre 1988
Imprimé en France